OS OKRs
E AS MÉTRICAS EXPONENCIAIS

Emílio Herrero Filho

Especialista em Estratégia Empresarial Ágil e OKRs

OS OKRs
E AS MÉTRICAS EXPONENCIAIS
a Gestão Ágil da Estratégia na Era Digital

ALTA BOOKS
EDITORA

Rio de Janeiro, 2021

Os OKRs e as Métricas Exponencias
Copyright © 2021 da Starlin Alta Editora e Consultoria Eireli. ISBN: 978-65-5520-341-7

Todos os direitos estão reservados e protegidos por Lei. Nenhuma parte deste livro, sem autorização prévia por escrito da editora, poderá ser reproduzida ou transmitida. A violação dos Direitos Autorais é crime estabelecido na Lei nº 9.610/98 e com punição de acordo com o artigo 184 do Código Penal.

A editora não se responsabiliza pelo conteúdo da obra, formulada exclusivamente pelo(s) autor(es).

Marcas Registradas: Todos os termos mencionados e reconhecidos como Marca Registrada e/ou Comercial são de responsabilidade de seus proprietários. A editora informa não estar associada a nenhum produto e/ou fornecedor apresentado no livro.

Impresso no Brasil — 1ª Edição, 2021 — Edição revisada conforme o Acordo Ortográfico da Língua Portuguesa de 2009.

Produção Editorial Editora Alta Books **Gerência Editorial** Anderson Vieira **Gerência Comercial** Daniele Fonseca	**Produtor Editorial** Illysabelle Trajano Juliana de Oliveira Thiê Alves **Assistente Editorial** Rodrigo Ramos	**Marketing Editorial** Livia Carvalho Gabriela Carvalho marketing@altabooks.com.br **Coordenação de Eventos** Viviane Paiva eventos@altabooks.com.br	**Editor de Aquisição** José Rugeri j.rugeri@altabooks.com.br
Equipe Editorial Ian Verçosa Luana Goulart Maria de Lourdes Borges Raquel Porto Thales Silva	**Equipe de Design** Larissa Lima Marcelli Ferreira Paulo Gomes	**Equipe Comercial** Daiana Costa Daniel Leal Kaique Luiz Tairone Oliveira Vanessa Leite	
Revisão Gramatical Bruna Ortega Elaine Batista	**Diagramação** Catia Soderi	**Capa** Marcelli Ferreira	

Publique seu livro com a Alta Books. Para mais informações envie um e-mail para autoria@altabooks.com.br

Obra disponível para venda corporativa e/ou personalizada. Para mais informações, fale com projetos@altabooks.com.br

Erratas e arquivos de apoio: No site da editora relatamos, com a devida correção, qualquer erro encontrado em nossos livros, bem como disponibilizamos arquivos de apoio se aplicáveis à obra em questão.
Acesse o site **www.altabooks.com.br** e procure pelo título do livro desejado para ter acesso às erratas, aos arquivos de apoio e/ou a outros conteúdos aplicáveis à obra.

Suporte Técnico: A obra é comercializada na forma em que está, sem direito a suporte técnico ou orientação pessoal/exclusiva ao leitor.

A editora não se responsabiliza pela manutenção, atualização e idioma dos sites referidos pelos autores nesta obra.

Ouvidoria: ouvidoria@altabooks.com.br

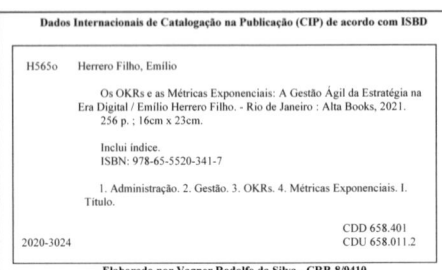

Dados Internacionais de Catalogação na Publicação (CIP) de acordo com ISBD

H565o	Herrero Filho, Emílio Os OKRs e as Métricas Exponenciais: A Gestão Ágil da Estratégia na Era Digital / Emílio Herrero Filho. - Rio de Janeiro : Alta Books, 2021. 256 p. ; 16cm x 23cm. Inclui índice. ISBN: 978-65-5520-341-7 1. Administração. 2. Gestão. 3. OKRs. 4. Métricas Exponenciais. I. Título.
2020-3024	CDD 658.401 CDU 658.011.2

Elaborado por Vagner Rodolfo da Silva - CRB-8/9410

Rua Viúva Cláudio, 291 — Bairro Industrial do Jacaré
CEP: 20.970-031 — Rio de Janeiro (RJ)
Tels.: (21) 3278-8069 / 3278-8419
www.altabooks.com.br — altabooks@altabooks.com.br
www.facebook.com/altabooks — www.instagram.com/altabooks

Para Sílvia, Maria Angélica e João Alberto,
o propósito de minha vida.

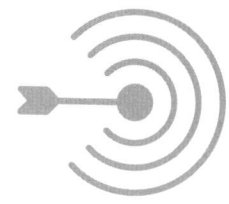

Sumário

Sobre o autor	13
Prefácio	15
Apresentação	19
Introdução	25
A Estrutura do Livro	29

PARTE I — AS ORIGENS E A REDESCOBERTA DOS OKRS

Capítulo 1 — O Conceito e as Origens dos OKRs — 35

1. Os OKRs: *Objectives and Key Results*, uma nova abordagem em gestão — 35

    O conceito de *OKRs* — 36

Uma síntese dos conceitos 37

O Alerta de Doerr 38

2. Os principais antecedentes dos *OKRs*: Uma breve introdução 40

A. O sistema Toyota de produção 40

B. O *Balanced Scorecard*: Uma abordagem clássica e essencial 41

3. Os *OKRs* têm origem na administração por objetivos ... 44

Capítulo 2 – A Criação e a Redescoberta dos OKRs ... 47

4. A *Intel* Movida pela Lei de Moore 48

A. Andrew Grove, o criador dos *OKRs* 50

B. As mensagens de Grove como Empresário e Estrategista 53

C. A inflexão Estratégica nos negócios 55

5. Os *OKRs* significam ação estratégica 57

6. Um capitalista de risco adota, com sucesso, os *OKRs* ... 59

7. Os fundadores da Google descobrem os *OKRs* 61

PARTE II – COMO CONSTRUIR OS OKRS: UM GUIA PRÁTICO

Capítulo 3 – Como introduzir os OKRs na Empresa ... 69

8. O how to do dos *OKRs* 69

Introdução 69

Passo 1: Definição dos objetivos estratégicos da organização ... 73

    Matriz de criação dos OKRs ... 73

    A. OKRs de empresas em operação ... 74

    B. OKRs de startups ... 76

Passo 2: Determinação dos resultados-chave da organização ... 77

OKRs no nível da organização ... 81

    C. Exemplos iniciais de OKRs ... 81

Passo 3: Escolha das iniciativas da organização ... 86

    D. Os OKRs, o Orçamento Empresarial e a Criação de Valor Econômico ... 89

OKRs das áreas funcionais ... 92

    E. Objetivos e Resultados-Chave das Áreas Funcionais ... 92

    A elaboração dos OKRs das áreas funcionais ... 94

Nível do indivíduo ... 98

    A Elaboração dos OKRs Individuais exige uma atenção especial ... 98

    OKRs Individuais: recomendação do Playbook da Google ... 100

    O Cuidado na Escolha dos OKRs Individuais ... 100

    Os OKRs da Organização são referência para os OKRs individuais ... 102

    Exemplos de OKRs Individuais ... 104

    F. Questões associadas aos OKRs no Nível Individual ... 107

9. Os principais benefícios dos OKRs ... 110

10. Os OKRs visam resultados extraordinários — Mooshots ... 111

11. A timeline do processo dos OKRs ... 114

12. Gestão contínua do desempenho ... 114

Capítulo 4 — O guia prático dos OKRs   119

13. Os *OKRs* precisam refletir o perfil da empresa   120

    Case indústria do setor de varejo   121

    Case empresa do setor de saúde   125

    Case startup de tecnologia   129

    I. A *Startup Profit Hunter*   131

    II. Do Protótipo ao Produto Mínimo Viável   139

Capítulo 5 — OKRs e BSC, a Dupla Dinâmica da Estratégia   143

14. O que é melhor para a empresa: *OKRs* ou *BSC*?   144

15. Os princípios da organização orientada para a estratégia   147

    A. Princípios de Gestão do *Balanced Scorecard*   149

    B. Os princípios de gestão dos *OKRs*   151

16. Os pontos de paridade e de diferenciação entre o *BSC* e os *OKRs*   154

    A. Pontos de paridade entre o *BSC* e os *OKRs*   154

    B. Pontos de diferenciação entre o *BSC* e os *OKRs*   155

17. A combinação entre *OKRs* e o *BSC*   157

    OKRs + BSC → Empresas & Corporações   158

    OKRs + BSC → Startups   160

18. O mapa Estratégico e o *Lean Strategic Map*   162

PARTE III — A ESTRATÉGIA EMPRESARIAL ÁGIL NA ERA DIGITAL

Capítulo 6 — A Estratégia Precisa Ser Ágil   169

19. A gestão ágil da estratégia na Era Digital   169
20. O significado de organização exponencial   170
21. A ideia de propósito transformador massivo   172
    Exemplos do significado de Propósito Transformador   174
22. O propósito inspirador estimula a criação de bons OKRs   175
23. O significado de *Agile*   178
24. O significado da estratégia empresarial ágil   181
25. A Agile Organization   189
26. A estratégia tradicional e a estratégia *ágil* são diferentes   193
27. O contraste entre: Estratégia *boa* e Estratégia *ruim*   200
28. Os *OKRs* e a reinvenção da área de recursos humanos   204

Capítulo 7 — As Lições sobre Estratégia das Empresas que Adotam os OKRs   211

29. Os *OKRs* precisam refletir a estratégia empresarial   212
    A. Aprendendo com os erros das empresas pontocom   213
    B. A Gestão Tradicional precisa se ajustar para a Era Digital   216
30. A estratégia nas empresas referência em *OKRs*   217
    A. A experiência da Intel e do criador dos *OKRs*   217
    B. Lição sobre estratégia com o criador dos *OKRs*   219

C. A Estratégia na perspectiva da Google, a nova geração
dos OKRs 219

D. Lições Aprendidas com a Google, a Nova Geração dos OKRs ... 222

CONCLUSÃO

Algumas Dicas sobre os OKRs 229

Entrevista com Pedro Signorelli 233

    I. Introdução 233

    Breve apresentação de Pedro Signorelli 234

    II. Perguntas para Pedro Signorelli 234

Avaliação do Aprendizado com o Livro 245

    Bibliografia 247

    Índice Remissivo 251

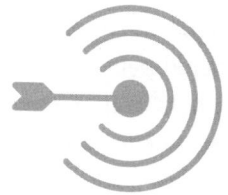

Sobre o autor

É consultor de empresas, escritor e professor com vivência nas áreas de Estratégia Empresarial, Balanced Scorecard, **OKRs**, Novos Negócios e Startups. Realizou projetos de gestão estratégica em grandes empresas nacionais e internacionais como: Mahle Metal Leve, Hospital Santa Teresa (Petrópolis-RJ), Grupo Raymundo da Fonte, Kantar Ibope Media, Petrobras, Queijos Tirolez, Grupo Zema, Banco Volkswagen, Banco Petra, Santa Casa de Misericórdia de Passos, Pirelli, Ferrous Mineradora, Planner Corretora, Futura Investimentos, Unimed São Paulo, Semeq Serviços de Monitoramento de Equipamentos, Covre Transportes e Logística, entre outros.

Foi diretor do Grupo Estado e da Agência Estado, do Hospital Santa Catarina e da IBS – International Business Solution. Trabalhou como consultor associado da Arthur D. Little, empresa de consultoria internacional. Atuou como professor convidado da FIA-USP, da HSM Educação e do Instituto Mauá de Tecnologia. É sócio-diretor da Herrero Consultoria Empresarial.

É autor dos livros *Balanced Scorecard e a Gestão Estratégica e Pessoas Focadas na Estratégia: As Disciplinas da Execução da Estratégia*, publicados pela Alta Books. Realizou palestras em grandes empresas nacionais e internacionais, em universidades, na ExpoManagement, no PMI – Project

Management Institute e no Six Sigma Brasil 2010. Tem formação como Conselheiro de Administração, sendo aprovado no Curso de Conselheiros promovido pelo IBGC-Instituto Brasileiro de Governança Corporativa.

Cursou mestrado em Administração de Empresas pela FEA (Faculdade de Economia e Administração da Universidade de São Paulo), especialização em Gestão do Conhecimento pela FGV, especialização em Inovação, Tecnologia e Conhecimento pela PUC-SP e a pós-graduação no APG-AMANA, MBA-Executivo Internacional. É graduado em Administração de Empresas pela Universidade Mackenzie e História pela USP (Universidade de São Paulo).

Contatos com o autor:

emilio@herreroconsultoria.com.br

www.herreroconsultoria.com.br

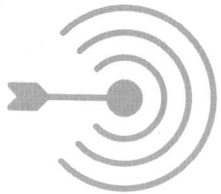

Prefácio

A minha motivação ao fundar a *HSM*, em 1986, foi de trazer as ideias dos principais pensadores de gestão empresarial para o Brasil. Aprendi muito com eles, escrevi livros sobre gestão e realizo palestras e workshops, para que as pessoas possam compreender as contínuas transformações no mundo dos negócios.

Os gestores não podem dirigir as empresas do futuro com a mentalidade do passado, como expliquei no livro *Gestão do Amanhã*. As diferentes abordagens de gestão, ao longo do tempo, têm mostrado a necessidade de atualização e inovação. Agora, estamos vivendo a Revolução Industrial 4.0 com novos e crescentes desafios para corporações, empresas familiares e startups.

As clássicas abordagens de gestão empresarial estão em xeque. Agora é preciso apertar a tecla F5, como nos ensinou Satya Nadella, o CEO que renovou a Microsoft. Surgem novos conceitos como revolução digital, inovação disruptiva, pensamento lean, abordagem ágil e *startup way*. Como pano de fundo temos a *Lei de Moore*, a singularidade, as oportunidades exponenciais, a busca de retornos acelerados e as organizações exponenciais, que são potencializadas pelas tecnologias digitais.

Neste contexto, como nos ensinou Salim Ismail e os coautores do livro *Organizações Exponenciais*, é preciso uma nova abordagem para acompanhar o desempenho das organizações, dos times e dos indivíduos. As tradicionais métricas, os KPIs e os resultados esperados precisam ser ajustados para a nova Era Digital. É neste cenário, que Salim Ismail destaca a importância dos **OKRs** (objetivos e resultados-chave) para as organizações.

Os **OKRs** estão se tornando uma nova abordagem para a avaliação da desempenho empresarial depois de seu sucesso em empresas como a Intel, Google, Microsoft, Amazon, Netflix, Facebook, LinkedIn, entre outras. Os **OKRs** também são utilizados pelas empresas de tecnologia do *Vale do Silício*, gradativamente adotados pelas corporações, empresas de diferentes portes e pelas startups.

Foi a partir da percepção da crescente implementação dos **OKRs** nas organizações do mundo e no Brasil, que foi escrito o livro *Os **OKRs** e as Métricas Exponenciais: A Gestão Ágil da Estratégia na Era Digital*. O texto convida o leitor a entender as origens da abordagem, como as empresas podem adotar o método, com inúmeros exemplos de quais são os fundamentos de gestão de negócios e de estratégia empresarial utilizados.

Neste prefácio, gostaria de destacar as mensagens que considero mais importantes. A primeira é como *tangibilizar* a estratégia. A estratégia não é algo abstrato, orientado para um futuro distante. Ela é uma prática desenvolvida num ambiente de negócios cada vez mais incerto e volátil. A estratégia reflete o sonho, a visão, e, principalmente, o propósito transformador dos líderes da organização.

O ponto de partida da estratégia é o cliente, suas necessidades, expectativas e aspirações, nem sempre explícitas. Como nos ensinou meu saudoso amigo, Peter Drucker, a finalidade de uma empresa é criar um cliente. Assim, a estratégia é tangibilizada, colocando o cliente no centro do negócio, quando a empresa ganha relevância no mercado e conquista novos clientes. Ela reflete o propósito de uma organização em provocar uma transformação no estilo de vida das pessoas, como a Ford, a IBM, a Intel, a Microsoft, a Apple, a Google, a Netflix, a Tesla, o Alibaba, entre outros exemplos, que fizeram na época de sua fundação.

A segunda mensagem é a necessidade de clareza na direção da empresa. Uma vez definido o propósito transformador, ela reflete as escolhas dos dirigentes da organização: o que fazer e o que não fazer. É aqui que os **OKRs** desempenham um importante papel. O destino e a direção a ser tomada é determinada pelos objetivos. Eles fornecem uma orientação, determinam as metas intermediárias a serem atingidas (*os milestones*) e se a organização irá realizar os resultados-chave. Como os objetivos da organização, dos times e dos indivíduos são elaborados por quem irá implementar, existe uma clareza e um comprometimento com sua realização.

Em seguida, é necessário *descobrir como preparar a organização para aproveitar as oportunidades exponenciais*. Neste sentido, é necessário um novo *mindset:* atuando num ecossistema exponencial, a empresa não pode continuar sendo linear. Além disso, ao definir o propósito transformador massivo e o rumo dos negócios, os líderes e suas equipes precisam levar em consideração a *Lei de Moore,* as inovações disruptivas, as tecnologias digitais e também o desafio da Lei dos Retornos Acelerados, formulado por Ray Kurzweil.

Neste sentido, as empresas precisam ter agilidade estratégica, habilidade de se mover rapidamente para definir, antecipar e explorar as emergentes oportunidades de mercado. Porém, a oportunidade exponencial só será aproveitada se for valorizada uma mentalidade empreendedora e o espírito das startups. As empresas deveriam atuar como se fossem incubadoras de startups e praticassem a *open innovation,* para se manterem inovadoras e competitivas.

A quarta mensagem é sobre *como usar as métricas certas.* Para que isso aconteça, é preciso levar em consideração: o propósito massivo transformador, a estratégia empresarial e, em seguida, a definição dos objetivos e dos resultados esperados. Em um contexto de oportunidades exponenciais, as metas não podem ser lineares. Elas precisam ser desafiadoras e difíceis de atingir para liberarem a imaginação e a criatividade das pessoas. As métricas não podem aprisionar as pessoas com objetivos que favoreçam a manutenção do status quo. Ao contrário, as metas certas motivam as pessoas porque elas têm consciência dos resultados que precisam entregar pelo seu trabalho. Em síntese, é preciso desenvolver uma *cultura de resultados.*

As métricas precisam refletir as prioridades da organização e serem fáceis de entender. Devem ter ciclos curtos de *feedback* e transparência. As métricas podem ser consideradas respostas às questões estratégicas, formuladas pelos dirigentes, sendo ilustradas mediante a síntese entre a frase de Deming, "não se gerencia o que não se mede", com a afirmação de Einstein, "nem tudo que pode ser contado, importa, e nem tudo que importa pode ser contado."

Essas mensagens que acabo de resumir, são exploradas nos vários capítulos do livro, por meio de inúmeros exemplos e linguagem objetiva. Além da explicação sobre os **OKRs**, o livro estimula o leitor a refletir sobre a importância da *Organização Exponencial* e sobre o significado da *Estratégia Empresarial Ágil*. As ideias são fundamentadas por bibliografia apresentada ao final do livro. Boa leitura!

*José Salibi é cofundador da HSM
e coautor dos best-sellers
O que as Escolas de Negócios não Ensinam,
Gestão do Amanhã e *O Novo Código da Cultura.*

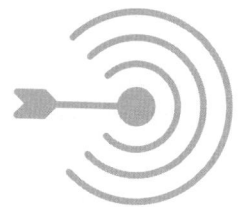

Apresentação

O tema da *inovação* tem despertado meu interesse há muitos anos. Tive a oportunidade de atuar no início deste milênio, como diretor de Inovação na América Latina, por um período de 5 anos, seguindo depois na liderança de outras atividades.

Durante esse período, e principalmente nos dias de hoje, percebi a importância das inovações disruptivas e das tecnologias digitais estarem presentes nas reuniões dos Conselhos de Administração. As empresas, para as quais os conselheiros oferecem seu trabalho em dedicação contínua, aos objetivos da Governança Corporativa, operam em um ambiente em rápida transformação, com o acirramento da concorrência, incertezas, complexidade e volatilidade.

É o ecossistema de *Revolução Industrial 4.0* repleto de inovações como: o *Big Data*, a *Inteligência Artificial*, a *Internet das Coisas (IoT)*, o *Blockchain*, a *Realidade Virtual e Aumentada*, a *impressão 3D*, a *Nanotecnologia*, os *Veículos Autônomos*, o *Machine Learning*... entre tantas outras que a cada dia surgem em mais um salto para os desafios intensos a superar.

Além dessas inovações tecnológicas, o mundo dos negócios assiste a um conjunto de conceitos emergentes, como por exemplo: *Singularidade*,

Oportunidades Exponenciais, Organizações Exponenciais, Retornos Acelerados, Inovação do Modelo de Negócio, Pensamento Lean, Princípio Ágile e o *Startup Way*. Tudo isso associado ao crescimento sustentável e criação de valor.

Com tantas inovações e novidades, inúmeros analistas de negócios estão colocando em xeque as tradicionais abordagens de negócios. Elas continuam válidas na Era Digital? Como elas podem ser adaptadas para oferecerem orientações úteis aos empresários e executivos? No decorrer do livro *Os **OKRs** e as Métricas Exponenciais: A Gestão Ágil da Estratégia na Era Digital*, o autor apresenta aos leitores algumas importantes observações sobre essas questões.

Neste cenário, o trabalho do *Board* está sendo cada vez mais questionado, quanto a formular novas provocações: as tradicionais e consagradas práticas de *Governança Corporativa*, são suficientes para o aconselhamento de empresas na era da revolução digital? Os conselheiros apresentam o perfil adequado para lidar e recomendar a transformação digital nas empresas em que atuam?

Independentemente das respostas, pesquisas atuais indicam a quase ausência de nativos digitais entre os membros do *Conselho de Administração*. Felizmente, alternativas vêm sendo criadas, como a contratação de consultores especializados, ou mesmo, a criação de comitês de tecnologia. Mas, esses temas devem estar na agenda dos *Boards* e em seu processo de definição estratégica.

Uma das principais questões é referente à composição dos *boards*, formada por excelentes profissionais, com histórico de sucesso empresarial, porém a maioria ainda possui conhecimento insuficiente sobre a transformação digital e as tecnologias que acompanham todo esse processo de forma disruptiva dos costumes legados.

Neste sentido, os conselheiros de administração, além de aprender, se atualizar e se renovar, precisam tomar a iniciativa de trazer para o *board* os chamados *nativos digitais*, que podem ajudá-los a compreender melhor o mundo desta nova Era Digital.

Adicionalmente, existe mais um ponto que eu gostaria de destacar: é preciso expandir a educação digital dos conselheiros além do *boardroom*, com visitas a clientes, aos fornecedores, às empresas de tecnologia, startups (inclusive às incubadoras de startups), às novas formas de comunicação e seus rápidos efeitos nos mercados e, particularmente, na ação dos concorrentes.

Além disso, os conselheiros precisam ampliar seu campo de visão, pesquisar e conhecer o que está acontecendo além da dinâmica dos *boardrooms*. Por esse motivo, tenho participado das visitas internacionais de aprendizagem, organizadas pelo IBGC – Instituto Brasileiro de Governança Corporativa, como, por exemplo, para o *Vale do Silício*, para Israel e para a *Singularity University*, localizada em Santa Clara, na Califórnia. Ver o que está acontecendo hoje, em todos os mercados, nos ensina várias lições.

Israel é uma das principais referências mundiais em centros de pesquisa, em inovação e na introdução de novos produtos e serviços que maximizam a utilização de novas tecnologias. Com isso, pode-se dizer que uma nação, com base na história da humanidade, é hoje reconhecida por sua força para os novos caminhos – uma efetiva e eficaz *start-up nation*.

A valorização da educação de base, a universidade de alto nível, a disciplina, a responsabilidade da população e a valorização do espírito empreendedor em um ambiente favorável, proporcionam o rápido desenvolvimento e o acesso ao *funding* requerido, bem como a uma tolerância ao erro como parte integrante do processo de aprendizado.

O Vale do Silício é um *cluster* de inovação e considerado como uma sede mundial da inovação. É o berço das maiores empresas de tecnologia, mídia digital e mídia social como a HP, a Intel, a Oracle, a Symantec, a Apple, a Google, o Facebook, o eBay, entre outras. É sinônimo de espírito empreendedor visionário, de inovação, de tolerância ao risco e ao fracasso e com forte presença da Universidade de Stanford e da Universidade de Berkley. Além disso, existe grande integração entre os centros de pesquisa, empresas de vanguarda e capitais de risco. Os empreendedores do *Vale do Silício* são movidos pela paixão, promovendo o crescimento exponencial da empresa nascente e o desejo de criar valor e riqueza.

As universidades, ali instaladas, são centros de educação e formação executiva para solucionar os maiores e mais urgentes problemas do mundo. Constituem-se, portanto, em importante local de valorização da cultura de inovação, exploração de ideias exponenciais e de futurologia (quase ficção científica).

Peter Diamondis, *que juntamente com* Ray Kurzweil, *fundaram em 2008, a Singularity University,* são algumas das referências deste livro, em função de suas ideias sobre oportunidades exponenciais e organizações exponenciais. Ray Kurzweil, por sua vez, é o criador de a *Lei dos Retornos Acelerados* e da ideia de *Singularidade*. A *SU* oferece inúmeros cursos, porém o mais importante é sua visão de que o empreendedorismo é o futuro do mundo. Essas considerações que estou fazendo mostram a efetiva crença, de que os *Conselhos de Administração* têm o potencial de promover a alavancagem e integração entre os jovens nativos digitais e os executivos mais experientes, e entre as clássicas abordagens de gestão e emergentes ideias transformacionais dos negócios.

Assim, minha crença é de que os conselheiros podem proporcionar uma importante contribuição para a transformação digital das empresas. Minha inspiração é a recomendação de David Rogers, um dos maiores especialistas no assunto ao afirmar que, "a transformação digital não tem a ver com tecnologia, mas tem a ver com estratégia e novas formas de pensar."

Neste sentido, o *board* precisa aprimorar sua visão estratégica e aprender as novas tecnologias que estão impulsionando a transformação digital. Essa dinâmica é inexorável, atinge a todos e essa visão digital não pode ser terceirizada. Os membros do Conselho de Administração precisam se sentir confortáveis com o significado, o uso e as tecnologias digitais sem a necessidade de serem especialistas em *ciências computacionais*.

Nesta Era Digital, a integração entre o conhecimento e a experiência dos conselheiros com a nova geração dos millennials, constitui-se em um importante fator para o sucesso dos negócios.

É fato que apesar de todo o conhecimento sobre as tecnologias digitais, novos negócios e startups de tecnologia quebram antes de completar um ano, principalmente pela ausência de fundamentos clássicos de negócios que os experientes conselheiros conhecem bem: colocar o cliente no centro do negócio, criar um produto que atenda às necessidades do mercado, saber utilizar os escassos recursos financeiros e saber como formar uma equipe qualificada na organização.

Além disso, pesquisas mostram que são raras as startups que, em meio a tantas tentativas, alcançam o sucesso almejado. Uma grande parte fica pelo difícil caminho competitivo, sem conseguir vencer no mundo dos negócios.

Em síntese, para que a diferença realmente ocorra, **o Conselho de Administração precisa ter a cultura digital como um todo,** independentemente de sua composição etária e exalar isso diuturnamente. Ter uma cultura digital significa saber que as novas tecnologias são essenciais para uma empresa criar valor econômico e riqueza. É a essência da transformação digital que já nos alcançou.

O monitoramento estratégico dos negócios e sua evolução e a medição progressiva são desafios para os Conselhos. A avaliação do desempenho empresarial deve ser realizada de forma contínua, com informações em tempo real e suportada por aplicativos digitais.

É nesse novo contexto de negócios, que o livro Os *OKRs e as Métricas Exponenciais* pode oferecer aos leitores e aos conselheiros uma alternativa para acompanhar o desempenho dos negócios, além dos indicadores e KPIs utilizados.

Os Objetivos e Resultados-Chave (**OKRs**) como o autor demonstra são inspirados e têm, como pré-requisitos, o Propósito Transformador e a Estratégia Empresarial. Neste mundo empresarial em rápida transformação é essencial o foco nas prioridades, na ação ágil e na rápida avaliação dos resultados. O *board* não pode mais ficar armadilhado na burocracia e na complexidade desnecessária decorrente.

Os **OKRs** atendem essas exigências: eles possuem uma cadência de curto prazo – sem perder a perspectiva de longo prazo – com check-ins mensais e trimestrais ou, até mesmo, períodos que cada negócio customiza. Isso evita a armadilha em que muitas organizações caem: avaliação dos resultados muito tempo depois do ocorrido e, em consequência, perdendo o *momentum* certo para os ajustes e correções de rumo.

Além disso, o Conselho precisa estar um passo à frente dos concorrentes e perceber rapidamente as ameaças em potencial das empresas nascentes. O processo de governança é transformacional e deve ser capaz de elaborar cenários para capturar os riscos ainda desconhecidos. Lembrando, que os **OKRs** e as métricas precisam ser *tailor-made* e refletir a cultura e os valores da organização.

Os Conselhos de Administração são uma importante e nova fonte de vantagem competitiva das empresas para a criação de valor. O desafio na era da revolução digital, fazendo uma provocação para reflexão, é que eles pratiquem a *Governança Corporativa 4.0.* Desejo aos leitores uma boa leitura.

Jorge R. Manoel *é ex-executivo da PwC Brasil e conselheiro de empresas*

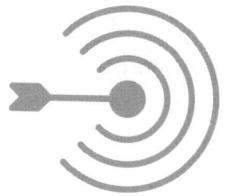

Introdução

A primeira mensagem para o leitor é sobre os motivos da escolha do título do livro: *Os **OKRs** e as Métricas Exponenciais: A Gestão Ágil da Estratégia na Era Digital.*

Os **OKRs** representam uma nova abordagem para a gestão do desempenho dos negócios, seja uma corporação, uma empresa familiar, uma média empresa, uma empresa nascente, uma startup, ou ainda, uma instituição pública.

As empresas referência de mercado no uso dos **OKRs** incluem: a Intel, a Google, a Alphabet, a Amazon, a Microsoft, o LinkedIn, o Facebook, a Netflix, a Fundação Bill & Melinda Gates, entre outras. Essas empresas alcançaram enorme sucesso e adotam os **OKRs**, "como um princípio organizador", nas palavras de Sergey Brin. Desta forma, os **OKRs** podem gerar impactos positivos em organizações de qualquer tamanho.

Os **OKRs** vêm sendo posicionados como a metodologia de gestão usada com sucesso pelas empresas do Vale do Silício. O impacto da nova abordagem nas organizações foi bem captado por Jim Collins, "se cada equipe, líder ou indivíduo aplicasse os **OKRs** com rigor e imaginação, a sociedade poderia experimentar um aumento exponencial na produtividade e inovação."

Os **OKRs** apresentam uma importante característica: os objetivos são conscientemente audaciosos e difíceis de serem alcançados pelos membros de uma organização. Esse desafio pode ser resumido na frase: "Pense grande, comece pequeno, aprenda rapidamente, mostre progresso."

As *métricas exponenciais*, por sua vez, visam mensurar em tempo real os resultados, a criação de valor no presente, as projeções para o futuro e serem preditivas. Elas fornecem às pessoas da organização tanto um *feedback*, como também, promovem o *feedforward*, um olhar para a frente, com atenção aos fatores que impulsionam os resultados futuros (do próximo ano, da visão estratégica).

As *métricas exponenciais* refletem a ideia do objetivo **moonshot** (quase impossível de atingir) das empresas inovadoras, que buscam um desempenho excepcional. Por exemplo, a **X Development** *(ex-Google X)*, tem por finalidade criar projetos com um impacto 10× maior na vida das pessoas, e não um crescimento linear de 10%. A **X** se posiciona como *the moonshot company*.

Nas palavras de Astro Teller, líder *(*capitão*)* da **X:** "As pessoas pensam que projetos ousados não recebem dinheiro devido a sua audácia. Não é verdade. É por falta de mensurabilidade." Em uma palavra, métricas exponenciais precisam gerar informações, mostrar aprendizado e o progresso dos novos projetos, suportados pelos **OKRs**.

A *Estratégia Empresarial Ágil* procura refletir o novo espírito empreendedor da *Era Digital*, da *Indústria 4.0*, das *Inovações Disruptivas*, *das Organizações Exponenciais* e do *Startup Way* e do atual ecossistema dos negócios em rápida transformação. Neste ambiente, os empresários, os dirigentes de empresas e os gurus de negócios enfrentam mais um desafio: a estratégia precisa ser ágil, rapidamente implementada e avaliada por meio da experimentação, de interações junto aos clientes, de aprendizado e ajustes, tudo isso visando crescimento sustentável e a criação de valor e de riqueza.

O planejamento estratégico tradicional está em xeque devido a inúmeros fatores, entre eles: demora na formulação, não engajamento de profissionais-chave no processo, percepção que é um trabalho apartado do dia a dia de trabalho, falhas na execução, comunicação insuficiente, baixa capacitação na metodologia utilizada, alocação de investimentos insuficientes, sem mencionar na recorrente confusão entre os significados de estratégia e planejamento.

Com essas deficiências não é de se estranhar o baixo índice de sucesso das empresas, de diferentes regiões deste mundo globalizado, com a implementação do planejamento estratégico. Por esse motivo, Richard Rumelt considera que: "Inúmeras empresas praticam a **estratégia ruim**, equivalente inclusive à ausência de uma estratégia."

Em contraste, a ideia de **Estratégia Empresarial Ágil** procura superar essas deficiências. Ela *tem por finalidade capacitar a organização para conquistar clientes, em um ambiente de rápidas mudanças, incerto, com oportunidades emergentes e acelerado pelas inovações disruptivas e tecnologias digitais.*

No novo modo de pensar, *"a estratégia não é mais análise e planejamento, mas sim, um processo de experimentação em tempo real e envolvimento do cliente"*, como Ming Zeng nos explica. Em continuidade, gostaríamos de mencionar os fatores, que mostram a importância dos **OKRs** para as organizações.

A importância dos **OKRs** para as empresas:

1. As tradicionais abordagens de gestão empresarial e de planejamento estratégico precisam se adaptar ao admirável mundo novo de estímulo ao espírito empreendedor, da internet, das tecnologias digitais e sociais, das inovações disruptivas e do *startup way*. Acima de tudo, elas precisam ser mais ágeis, com um ciclo de implementação mais curto, estimular as pessoas para a ação e produzir resultados de curto prazo percebidos na organização. É a valorização do aprender fazendo, errando rapidamente e corrigindo.

2. As exigências do dia a dia operacional, têm colocado a estratégia e a consistência do modelo de negócio em segundo plano nas prioridades dos gestores. Há, também, a falsa ideia de que a estratégia é algo muito abstrato e do interesse de gurus e da alta direção das empresas. Os colaboradores, frequentemente, não se veem como estrategistas em potencial da organização onde trabalham.

3. Inúmeras pesquisas vêm demonstrando, ano após ano, que o propósito, a missão, a visão e os valores da organização não são interiorizados e bem compreendidos pela maioria dos empregados. Muitas vezes, são feitos para cumprir tabela ou o ritual anual de planejamento estratégico. Este fato compromete o engajamento, o desejo de fazer a diferença

e buscar com determinação a consecução dos objetivos estratégicos e impulsionar os resultados da empresa.

4. O *timing* e a cadência são importantes para a criação de valores nas organizações. Porém, muitas vezes vemos o oposto no trabalho das pessoas: um processo típico de planejamento estratégico demora meses, às vezes um semestre, gerando um lapso de tempo muito grande entre a formulação da estratégia e o início da execução. Nessa situação, existe o risco das premissas originais não serem mais válidas no ambiente competitivo em rápida transformação.

5. A introdução de uma nova metodologia, assim como o domínio de um novo conhecimento, exige uma capacitação prévia, por meio de leituras, treinamento e troca de ideias entre a alta direção e a equipe de colaboradores. Esta preocupação raramente ocorre, quer seja sobre as abordagens de planejamento estratégico, ou ainda, na introdução da inovação, tecnologias digitais e outras práticas de gestão.

O mesmo pode ocorrer em relação à adoção dos **OKRs** na organização. Quando a metodologia utilizada não produz os resultados, a culpa vai para os suspeitos de sempre: a complexidade e a dificuldade da abordagem e não para as falhas em capacitação dos empregados e o não engajamento de alguns líderes. Sem um novo conhecimento, dificilmente uma nova abordagem de gestão conseguirá superar o *mindset* conservador, prevalecente nas organizações.

6. A abordagem dos **OKRs** tem gerado uma falsa percepção: a ilusão que sua aplicação é simples, fácil e rápida. Como qualquer nova metodologia ou conhecimento, os **OKRs** demandam capacitação, práticas, erros, acertos e um novo aprendizado. Como já dizia H. Menken: "Para todo problema complexo existe uma solução simples, elegante e completamente errada." Esta frase é válida para as pessoas que iniciaram, ansiosamente, a implementação dos **OKRs** para se darem conta, que o processo de definição dos objetivos estratégicos e resultados-chave não são tão fáceis e superficiais como imaginavam.

7. Uma importante lição aprendida por aqueles que já implementaram os **OKRs** precisa ser compartilhada: o **Propósito Transformador** e a ***Estratégia Empresarial***, são condições *sine qua non* para iniciar o

processo dos **OKRs** e ser bem-sucedido. A sequência recomendada a ser seguida é a seguinte: primeiro o *Propósito*, que inspira qual deve ser a *Estratégia*, por sua vez, a *Estratégia* direciona as pessoas para a definição dos objetivos e *Resultados-Chave* da organização.

Como as demais metodologias de gestão empresarial e de estratégia competitiva, a abordagem dos **OKRs** é sensível à cultura da organização, ao estágio de ciclo de vida do negócio (se é uma startup ou uma organização estruturada), ao estado da arte da tecnologia, à motivação e interesse da alta direção, dos gerentes e equipe de colaboradores.

A proposta do livro para os leitores pode ser resumida da seguinte forma: os **OKRs** precisam ser entendidos e implementados no contexto da *Atitude Empreendedora*, do *Propósito Transformador Massivo* e da *Estratégia Empresarial Ágil*.

A ESTRUTURA DO LIVRO

No *capítulo 1*, explicamos as origens dos **OKRs** e de algumas das principais definições dos especialistas considerados referência sobre o tema. Mostramos como a questão dos objetivos e dos resultados remontam os primórdios da administração científica, do *Sistema Toyota de Produção* e a administração por objetivos, criada por Peter Drucker.

Para nós, chama a atenção o fato dos especialistas em **OKRs** não mencionarem o *Balanced Scorecard*, considerado pela *Harvard Business Review* como uma das principais metodologias de gestão estratégica de todos os tempos. As duas abordagens têm em comum a estratégia empresarial, os objetivos, os resultados esperados e os indicadores de desempenho.

No *capítulo 2*, apresentamos para o leitor as origens dos **OKRs** na *Intel* e o papel desempenhado por Andrew Grove na criação da abordagem. O forte *link* entre objetivos e resultados, na *Intel*, eram necessários, uma vez que a empresa foi um experimento vivo da *Lei de Moore*, formulada em 1965. Grove, além de CEO da *Intel* era especialista em gestão de negócios e professor de planejamento estratégico da Universidade de Stanford. Nesse sentido, a *Intel* era dirigida por meio de uma forte integração entre a nascente tecnologia da informação, a estratégia empresarial e um time de inovação com um elevado grau de motivação e orientação para resultados.

Em seguida, explicamos como os **OKRs** foram introduzidos na Google por John Doerr, no quarto trimestre de 1999. Larry Page, Sergey Brin e John Doerr promoveram uma forte sinergia entre uma startup, um capitalista de risco, uma inovadora abordagem de gestão e uma equipe de profissionais com elevada qualificação e engajada com a missão da empresa.

No *capítulo 3*, traduzimos a teoria em ação prática. Explicamos como construir os **OKRs** e apresentamos inúmeros exemplos de sua aplicação em grandes empresas, empresas familiares e startups. Mostramos as interações (e não o efeito cascata) entre os **OKRs** da organização, das áreas funcionais (times de trabalho) até o nível individual. Destacamos que os **OKRs** visam resultados extraordinários e não avanços lineares. Explicamos como realizar o monitoramento dos **OKRs** e como aplicar o *(how to do)* nas organizações. Assim, apresentamos ao leitor dois conteúdos: *Como Construir os OKRs* e um *Guia Prático* com inúmeros exemplos e cases ilustrativos da abordagem.

No *capítulo 4*, realizamos uma comparação entre as abordagens dos **OKRs** e do *Balanced Scorecard* e, de forma provocativa, propomos uma integração entre as duas metodologias. Introduzimos os princípios de uma organização orientada pela estratégia, que tem os **OKRs** como sistema de avaliação de desempenho. Uma das principais características do BSC é o mapa estratégico, que integra as expectativas dos acionistas, dos clientes e do mercado, dos líderes dos processos internos e também do capital humano na perspectiva da aprendizagem e crescimento.

Entretanto, pesquisas mostram a dificuldade de algumas organizações em estabelecer as relações de causa e efeito. Por esse motivo, consideramos o mapa estratégico como um excelente ponto de partida para a definição de objetivos, resultados e indicadores de desempenho. Porém, sugerimos de uma forma não ortodoxa e com o devido cuidado, a não realização dessas relações de causa e efeito, de forma rígida.

No *capítulo 5*, ressaltamos a importância dos fundamentos de negócios e da estratégia empresarial para a criação mais consistente dos **OKRs**. Não se trata de afirmar que a introdução dos **OKRs** seja fácil ou difícil, simples ou complexa, o essencial é que tenha os fundamentos empresariais em sua elaboração. Neste sentido, recomendamos *o fluxo: **Propósito Transformador, Estratégia Empresarial, Objetivos e Resultados-Chave.***

Mostramos também a existência de princípios da estratégia empresarial nas empresas que tiveram sucesso com a introdução dos **OKRs,** embora estejam de forma implícita. Curiosamente, esses princípios não são ressaltados por inúmeros divulgadores da prática, na atualidade. Destacamos, também, as lições aprendidas com a introdução dos **OKRs** nas empresas de tecnologia e na Google, que consideramos a 2ª geração da abordagem e a principal referência.

No *capítulo 6*, apresentamos o conceito de **Estratégia Empresarial Ágil** essencial para a era da revolução digital. Também fazemos um contraponto, um contraste entre a denominada *Estratégia Tradicional* (A*ndrews, Ansoff, Porter, Gary Hamel, C.K. Prahalad*, entre outros) e a *Estratégia Ágil*, inspirada no movimento *Agile*. A mensagem é direta: sem agilidade na execução, a estratégia dificilmente irá produzir os resultados esperados em termos de valorização do negócio e criação de riqueza.

Também fazemos uma consideração a respeito dos conceitos de **Estratégia Boa** e **Estratégia Ruim**, desenvolvida por Richard Rumelt, alertamos para tomar todo cuidado com o cardápio *fast food* de missão, visão e planejamento estratégico. Destacamos quais são os principais desafios de uma organização para a adoção dos **OKRs** e também falamos de um setor importante para a transformação das empresas e consolidação de uma nova cultura organizacional para enfrentar os desafios da era digital: a *Área de Recursos Humanos*, que nem sempre tem participado e contribuído para a solução dos desafios dos negócios.

Em seguida, na conclusão do livro, apresentamos a entrevista com um dos principais especialistas em **OKRs**, com um histórico de sucesso na implementação da abordagem no Brasil. As questões formuladas mostram quais são os desafios, como preparar a organização para a iniciativa e quais foram as principais lições aprendidas com a adoção da abordagem. Também fazemos uma breve avaliação do leitor com o aprendizado do livro e se as principais mensagens foram entendidas.

Emílio Herrero Filho
Herrero Consultoria Empresarial
www.herreroconsultoria.com.br

Parte I

As origens e a redescoberta dos OKRs

"No princípio, as pessoas dizem que é uma ideia louca e que nunca funcionará. Depois, as pessoas dizem que sua ideia pode funcionar, mas não vale a pena tentar. Finalmente, as pessoas dizem: eu falei o tempo todo que era uma ótima ideia."

(Arthur C. Clarke)

"Quanto às táticas de gestão, a única coisa que podíamos afirmar naquela época era que a maior parte do que havíamos aprendido no século XX estava errada, era hora de recomeçar."

(Eric Schmidt, Conselheiro da Google em 2003)

"A função de um CEO não é apenas refletir sobre a atividade principal, mas também sobre o futuro, a maioria das empresas fracassa porque fica muito acomodada fazendo o que sempre fez, realizando apenas pequenos incrementos."

(Larry Page)

Capítulo 1

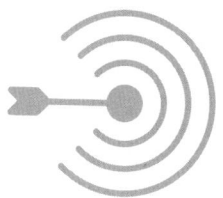

O Conceito e as Origens dos OKRs

1. OS OKRS: *OBJECTIVES AND KEY RESULTS,* UMA NOVA ABORDAGEM EM GESTÃO

Nos últimos anos, assistimos ao surgimento de inúmeras metodologias de negócios, como *core competence, balanced scorecard, inovação disruptiva, design thinking, open innovation, modelo de negócio* (c*anvas), lean startup, pensamento agile,* entre outras. Agora observamos a crescente utilização de uma nova abordagem de negócios por diversas empresas de tecnologia, grandes corporações e startups. Estamos nos referindo aos **OKRs — Objectives and Key Result**s.

Os **OKRs** têm despertado o interesse de empresários, diretores e gestores de empresas de diferentes portes e setores de atividade. Isso se deve ao fato de serem um case de sucesso nas organizações onde foram implementados, notadamente, na Intel, na Google, na Amazon, no Airbnb, no LinkedIn, na Netflix, no Walmart e na Fundação Bill & Melinda Gates.

Então, qual é o significado dos **OKRs** e como surgiram? Quais outras abordagens de gestão de desempenho empresarial devem ser consideradas? É para ajudar os leitores a refletirem sobre essas questões que o livro foi escrito.

O conceito de OKRs

Parece que uma nova metodologia de gestão está se transformando em um *hype*. Os **OKRs** estão dando o que falar. O interesse sobre o tema é crescente, gerando novas questões:

- Qual é o significado dos **OKRs**?
- Quais são os motivos para considerá-los a metodologia de negócios da moda?

Para responder a essas questões, precisamos recorrer à história dos negócios e proceder a uma breve revisão e a um alinhamento de conceitos. Para nos auxiliar nesta atividade, selecionamos três especialistas sobre o tema:

- John Doerr, autor do livro *Avalie o que Importa* e principal divulgador do conceito na atualidade.
- Paul Niven, um dos maiores especialistas em gestão estratégica e coautor do livro *Objectives and Key Results (Objetivos e Resultados-Chave*, em tradução livre*)*.
- Christina Wodtke, professora do HCI (*Human Computer Interaction*), grupo da Universidade de Stanford, e autora do livro *Radical Focus* (*Foco Radical*, em tradução livre).

Definição de John Doerr

"Os **OKRs** são uma metodologia de gestão que ajuda a garantir que toda a empresa concentre os esforços nas mesmas questões importantes em toda a organização."

O autor ainda acrescenta que um objetivo é o que deve ser alcançado. "Os objetivos são significativos, concretos, orientados por ações e, de maneira ideal, inspiradores. Quando adequadamente projetados e implementados, são uma vacina contra o pensamento e contra as execuções confusas.

Os Resultados-Chave (KR) "estabelecem e monitoram como chegamos ao objetivo. Já os **OKRs** efetivos são específicos e limitados no tempo, agressivos, porém realistas. Acima de tudo, são mensuráveis e verificáveis".

Definição de Niven & de Lamorte

"Os **OKRs** são um *framework* de pensamento crítico e uma disciplina em evolução, que busca garantir que os funcionários trabalhem juntos, concentrando seus esforços para fazer contribuições mensuráveis que levem a empresa adiante."

Para Niven e Lamorte, os **OKRs** estão associados ao foco, ao alinhamento e ao engajamento das pessoas de uma organização. Outro ponto importante a ser ressaltado, é que os **OKRs** promovem uma integração entre a *mentalidade empreendedora*, a *estratégia* e a *criação de negócios exponenciais*.

Definição de Christina Wodtke

"Os **OKRs** fornecem foco, unem as equipes em torno de uma única estratégia e transformam todos os objetivos em objetivos ousados (*stretch goals*)."

A partir de suas pesquisas, Christina Wodtke, faz algumas recomendações para que as coisas sejam feitas na organização (*job to be done*): a priorização dos objetivos, a comunicação compreensiva das metas a serem realizadas, a formulação de um plano de ação, a alocação de tempo para o que é importante e a interação entre as equipes de trabalho.

Uma síntese dos conceitos

Consideramos que essas três definições capturam a essência dos **OKRs** e enfatizam os pontos mais importantes para sua implementação, destacados a seguir:

a. Os **OKRs** devem ser considerados um fator motivacional para a equipe de colaboradores, estimulando o engajamento e a ação orientada para resultados.

b. Fornecem um foco para a concentração dos esforços das áreas funcionais, dos times de projetos e dos indivíduos. Todos na organização têm seus próprios ou contribuem para os **Objetivo**s e **Resultados-Chave**.

c. Estabelecem *objetivos ousados* (*stretch objectives*), difíceis de serem realizados, porém, que estimulam a imaginação, a geração de novas ideias e os esforços (muito além da zona de conforto) da equipe de colaboradores.

d. Promovem o comprometimento de todos os colaboradores em relação à estratégia competitiva. Cada profissional tem consciência sobre como seu trabalho contribui para os resultados e o crescimento sustentável da organização.

Devido ao sucesso dos **OKRs**, principalmente nas empresas de tecnologia instaladas no *Vale do Silício*, inúmeras pessoas imaginam que a empresa será um sucesso pela simples utilização da metodologia. Se deu certo na Intel, na Google, na Microsoft e na Amazon, dará certo aqui na minha empresa. Porém, é preciso ficar atento ao alerta de John Doerr.

O Alerta de Doerr

"A prática que me moldou na Intel e me salvou na Sun e que continua me inspirando, chama-se **OKRs**. Sigla para Objetivos e Resultados-Chave. É um protocolo colaborativo de definição de metas para empresas, equipes e indivíduos. Só que os **OKRs** não são a salvação da lavoura. Eles não podem substituir o bom senso, a liderança forte ou a cultura criativa do local de trabalho." (John Doerr, *Avalie o que Importa*)

Aos comentários de Doerr, gostaríamos de acrescentar mais dois importantes conceitos: o *Propósito Transformador* e a *Estratégia Ágil*, que serão explorados mais adiante neste livro.

Entretanto, é preciso chamar a atenção do leitor para a importância da integração entre os conceitos de Propósito Transformador, Estratégia Empresarial, Objetivos e Resultados-Chave. Igualmente essencial é a aproximação da empresa, ou da startup, com um Fundo de Private Equity, ou Fundo de Venture Capital, visando a captação dos recursos que possibilitarão o crescimento sustentável do negócio, em suas diferentes fases. (Figura 1).

Uma das principais mensagens baseadas na história dos **OKRs** que queremos transmitir no livro é a feliz integração entre: um grupo de empreendedores visionários, um propósito transformador, uma tecnologia com potencial exponencial e os fundos de private equity e os de venture capital. Essa combinação contribuiu para o sucesso de inúmeras startups do Vale do Silício e para a criação de grandes corporações globais.

Porém, antes de desenvolver e compartilhar as ideias sobre os **OKRs**, vamos mostrar qual é sua origem, quem são seus criadores, quais são seus fundamentos, o que motiva sua adoção e quais são seus fatores de sucesso.

*Fonte: Elaborado pelo autor.

Figura 1: Os *OKRs*, a estratégia e a mentalidade empreendedora.

**Como nos ensinam os *OKRs*,
vamos fazer um check-in**

> Os *OKRs* são uma metodologia para a Gestão do Desempenho da Organização. Não é uma ferramenta somente para a geração de uma lista de objetivos.

2. OS PRINCIPAIS ANTECEDENTES DOS *OKRS*: UMA BREVE INTRODUÇÃO

A. O sistema Toyota de produção

As *novas ideias* em gestão parecem ter sido criadas recentemente. Porém, como a história da administração nos mostra, as *novidades* têm como ascendência um clássico fundamento de gestão de negócios. O mesmo vale para os **OKRs**, como mostraremos.

O interesse pela melhor administração de empresas não é recente. A preocupação com a melhoria do desempenho das organizações, da eliminação dos desperdícios, da criação de valor e da elevação da *valuation* das empresas, remonta ao movimento da administração científica, iniciado por Frederick W. Taylor (1856-1915) e Jules Henri Fayol (1841-1925), e praticado por Henry Ford (1863-1947).

Outro importante marco é o Japão pós-Segunda Guerra Mundial, quando, entre 1947 e 1975, foi criado o *Sistema Toyota de Produção*, com foco na eficiência e no aumento da produtividade. Os resultados-chave da iniciativa da *Toyota* levaram à introdução de novas abordagens como, o *Lean Manufacturing*, o *Just in Time*, o *Kaizen*, o *Kanban*, o *Hoshin Karin*, entre outras melhorias.

O *Sistema Toyota de Produção* gerou vantagens competitivas inéditas para as empresas japonesas durante a década de 1980, tanto em relação aos *players* do setor automobilístico como aos do setor eletrônico, notadamente em relação aos concorrentes, especialmente em relação às empresas norte-americanas.

É importante ressaltar, como a história dos negócios vem nos ensinando, que uma nova prática de gestão é inspirada e desencadeada por um pensamento inovador, que vai além e confronta o *mindset* tradicional.

Em nosso caso, havia uma ideia-guia, inspirando a *Estratégia de Qualidade e Produtividade* japonesa: o consagrado *Pensamento Lean*, que revolucionou a maneira de administrar um negócio e serviu de inspiração para Eric Ries escrever seu renomado livro *Lean Startup (A Startup Enxuta*, em tradução livre)*, publicado em 2011.

B. O *Balanced Scorecard*: Uma abordagem clássica e essencial

Não é possível iniciar nossa jornada dos **OKRs** sem mencionar o **Balanced Scorecard**, um sistema de gestão estratégica, com muitos pontos em comum com os **OKRs**.

A origem do **Balanced Scorecard** está associada à preocupação dos executivos e especialistas em administração na criação de um novo modelo de avaliação do desempenho empresarial, superior aos tradicionais elaborados, principalmente por indicadores contábeis e financeiros.

Iniciado nos anos 1990, o estudo intitulado *Measuring Performance in the Organization of the Future* (Medindo o Desempenho na Organização do Futuro, em tradução livre), foi patrocinado por grandes empresas americanas da época e liderado por David Norton e Robert Kaplan, professor da Universidade de Harvard.

Segundo a pesquisa, na era da competição baseada no conhecimento, "os indicadores financeiros se mostravam incapazes de refletir as atividades criadoras de valor relacionadas com os ativos intangíveis da organização". Como ir além das práticas vigentes?

O resultado do trabalho foi resumido no artigo de Kaplan & Norton intitulado *The Balanced Scorecard – Measures that Drive Performance* (O Balanced Scorecard: Medidas que Impulsionam o Desempenho, em tradução livre), publicado pela *Harvard Business Review* em janeiro de 1992. Anos depois, uma série de livros foi publica para dar suporte à nova abordagem dos negócios, como *Organização Orientada para a Estratégia* (2001), *Mapas Estratégicos* (2004) e *A Execução Premium* (2008).

Essa série de estudos e publicações mostram como a consolidação de uma nova metodologia de gestão exige tempo. Provavelmente, o mesmo poderá ocorrer com a abordagem dos **OKRs**, como veremos mais à frente.

Para Kaplan e Norton, o *Balanced Scorecard* possibilitava explicitar o destino estratégico da organização, a partir do presente. Nas suas palavras: "O processo de desenvolvimento do *Balanced Scorecard* dá à organização, normalmente, pela primeira vez, uma clara visão do futuro e do caminho para chegar lá. Além de produzir e desenvolver um roteiro organizacional que viabiliza sua visão. O processo de desenvolvimento do *scorecard* capta a energia e o comprometimento de toda a equipe da alta administração."

O principal impacto das novas ideias no mundo empresarial foi a descoberta de que o *Balanced Scorecard* consistia em um novo sistema de gestão para a implementação da estratégia, e não somente para a criação de **KPIs**, com a finalidade de mensurar o desempenho empresarial.

Também é importante destacar a preocupação dos criadores do *Balanced Scorecard* em associar o desempenho de uma organização à estratégia competitiva, o que é um tema muito atual — não é possível definir objetivos e de resultados dos negócios sem estabelecer seu vínculo com a estratégia empresarial — fato, muitas vezes, esquecido por alguns divulgadores dos **OKRs**.

O *Balanced Scorecard* evoluiu desde sua criação, tornando-se uma das principais metodologias de execução da estratégia empresarial, um fator que tira o sono de muitos *CEOs*, como revelam inúmeras pesquisas.

O Balanced Scorecard (**BSC**), como também é denominado, incorporou novos conceitos de gestão, em especial: a *Organização Focada na Estratégia*, os *Temas Estratégicos*, o *Mapa Estratégico*, as *Perspectivas de Criação de Valor*, o *Destino* e o *Alinhamento Estratégico* e as *Reuniões de Gestão Estratégica* (**RGEs**), entre outros.

A crescente importância do **Balanced Scorecard** para as empresas e corporações, notadamente nas *500 Maiores* da revista *Fortune*, levou a *Harvard Business Review* a considerá-lo como uma das ideias de negócios mais influentes dos últimos 75 anos. Sua metodologia é rica e complexa, necessitando de capacitação para sua melhor utilização. O mesmo podemos dizer em relação aos **OKRs**.

Atualmente, o **BSC** é um dos três mais populares conceitos de gestão, sendo adotado por 29% das maiores corporações do mundo, segundo a pesquisa da Bain & Company intitulada *Bain Management Tools & Trends Survey* (*Pesquisa de Ferramentas e Tendências de Gerenciamento da Bain*, em tradução livre), publicada em 2017.

A evolução dos modelos de gestão do desempenho e dos **OKRs** precisa ser contextualizadas. Veja a seguir alguns momentos da evolução histórica das metodologias de gestão e seus representantes mais significativos da moderna administração de empresas. (Figura 2).

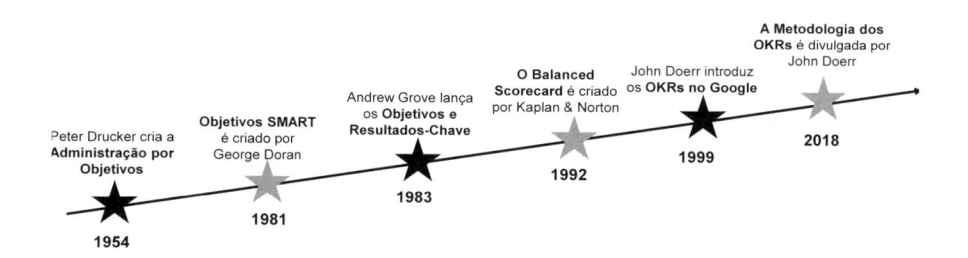

*Fonte: Elaborado pelo autor.

Figura 2: Breve história dos sistemas de gestão do desempenho.

Essa breve retrospectiva histórica de algumas das abordagens de gestão mostra como refletem o contexto do negócio na época em que foram elaboradas. Em relação aos **OKRs**, podemos afirmar que eles refletem a atual *Revolução Industrial e Social 4.0* e a nova *Era Digital*.

Como nos ensinam os *OKRs*, vamos fazer um check-in

Um grande número de empresas falha na execução da estratégia. E a sua empresa, como está se saindo? Veja a seguir os três principais motivos:

1º O baixo engajamento de alguns líderes no processo de formulação e execução da estratégia.

2º Uma estratégia vaga ou deficiente elaborada por conceitos e metodologias tradicionais e superadas.

3º Resistência na implementação de uma estratégia, que entre em conflito com a estrutura de poder vigente e com um *mindset* conservador.

3. OS *OKRs* TÊM ORIGEM NA ADMINISTRAÇÃO POR OBJETIVOS

O que Peter Drucker, Andrew Grove, John Doerr e Larry Page têm em comum? Seus nomes estão associados, diretamente ou indiretamente aos **OKRs**. Drucker inspirou Grove, que acabou inspirando Doerr que, por sua vez, convenceu Page sobre uma nova abordagem de gestão empresarial em 1999, um ano após a fundação da startup Google, em 4 de setembro de 1998.

Assim, nossa história começa na **Intel** e com a figura do *CEO* da nova empresa de tecnologia: Andrew Grove. Ele era doutor em química pela Universidade da Califórnia e foi o primeiro empregado da *Intel*, quando assumiu o cargo de diretor de engenharia, em 1968.

Andrew Grove era conhecido por ser um estudioso de gestão empresarial, estratégia e ciência comportamental. Ele se inspirou em vários gurus da administração, especialmente em Peter Drucker, considerado o pai da moderna administração de empresas, e Michael Porter, um dos maiores especialistas em estratégia empresarial. Assim sendo, visando o melhor entendimento dos **OKRs**, enquanto sistema de gestão empresarial, é preciso rever, brevemente, o significado da **Administração por Objetivos**.

Segundo Drucker, a *Administração por Objetivos* é uma filosofia que reflete a teoria do negócio de uma empresa de forma objetiva e direta. Na visão de Drucker, só existia uma finalidade para a existência de uma empresa: gerar um cliente, que deve estar no centro do negócio.

A *Administração por Objetivos* foi explicitada em seu livro *A Prática da Administração de Empresas*, publicado em 1954.

A definição de objetivos, suportada por um propósito e uma estratégia inspiradora, é essencial para evitar o mau direcionamento do negócio. Assim, foco e objetivos em comum são fatores críticos para o melhor desempenho de uma empresa.

Porém, conforme Drucker nos alertou, "Em uma empresa, os gestores não são automaticamente direcionados para uma meta comum." Notamos, frequentemente, um profissional trabalhando em seu espaço funcional e interessado em fornecer sua contribuição para a organização, porém, ele nem sempre está orientado para um objetivo comum. Vários fatores contribuem para essa situação:

- O trabalho especializado dos trabalhadores do conhecimento.
- A estrutura hierárquica das organizações.
- As diferentes visões do negócio e do trabalho.
- A política de remuneração e reconhecimento diferente.

Para a superação dessa situação, a *Administração por Objetivos* contribui para a integração entre o trabalho especializado de muitos profissionais de empresas de tecnologia e startups, com os objetivos e a entrega de resultados-chave do negócio.

Se não houver um alinhamento dos esforços, poderá ocorrer confusão na organização e uma área da empresa pode atingir os objetivos definidos pelos gestores, porém, eles podem não contribuir para os objetivos maiores da empresa. Neste caso, a soma dos recursos das partes será menor que o potencial do todo — e haverá uma destruição de valor, e não sua criação.

Como nos ensinam os *OKRs*, vamos fazer um check-in

Antes de iniciar o processo dos **OKRs**, pergunte a si mesmo:

- Quais são as prioridades da empresa para os próximos três, seis ou doze meses?
- O que devo fazer para resolver um problema de hoje, ou ainda, evitar o problema de amanhã?
- Se a empresa tivesse um único objetivo para ser bem-sucedida, qual seria ele?
- Em seguida, continue perguntando, qual seria o objetivo #2 e qual seria o objetivo #3?

Capítulo 2

A Criação e a Redescoberta dos OKRs

"A grande maioria dos CEOs aprende a se tornar pensadores estratégicos e líderes de organizações muito melhores.

Por exemplo, Grove, no início da carreira, acreditava que seus gerentes no front, os mais próximos dos consumidores, deveriam estabelecer a estratégia corporativa.

Posteriormente, ele se deu conta de que a estratégia exigia tanto uma abordagem de cima para baixo, como uma de baixo para cima."

(David Yoffi & Michael Cusumano)

"No mundo dos negócios, acredito no valor da paranoia. O sucesso de um empreendimento contém as sementes de sua própria destruição. Quanto mais bem-sucedido, mais pessoas querem um naco de seu negócio e depois outro naco, até que não reste mais nada."

(Andrew Grove)

4. A *INTEL* MOVIDA PELA LEI DE MOORE: INOVAÇÕES, OBJETIVOS E RESULTADOS-CHAVE

A ***Intel*** foi fundada por Robert Noyce, doutor em física pela Universidade de Stanford e Gordon Moore, doutor em química pelo Instituto de Tecnologia da Califórnia, em 1968, quando, de forma polêmica, deixaram a *Fairchild Semiconductor*.

Noyce e Moore criaram a nova startup do *Vale do Silício*, tendo em mente um claro **objetivo central**: ser líder na fabricação de chips para computadores, no emergente negócio de tecnologia da informação. A startup se baseava em *inovações disruptivas* e na famosa **Lei de Moore** (1964): o poder de processamento dos computadores (número de transistores dos chips) dobraria a cada 18 meses, pelo mesmo custo.

Ao longo dos anos, a *Lei de Moore* foi comprovada por inúmeras empresas do *Vale do Silício*, como a Microsoft, a Apple e a HP. A Lei de Moore prenunciou o surgimento das grandes empresas exponenciais de tecnologia (escalabilidade 10×) do atual mundo digital.

Andrew Grove foi o terceiro integrante do denominado **Intel** Trinity (Noyce/Moore/Grove), quando foi convidado para assumir a posição de diretor de engenharia. Ele foi doutor em química pela Universidade da Califórnia, tendo também trabalhado na *Fairchild* com os fundadores da **Intel**.

Ao longo dos anos, Grove desempenhou um importante papel no crescimento da **Intel**, contribuindo para sua transformação em líder mundial, primeiro em chips de memória e depois em microprocessadores. Devido a sua contribuição para os resultados da empresa e liderança de mercado, Andrew Grove tornou-se CEO, em 1979.

A ***Intel***, como uma nova startup de tecnologia do *Vale do Silício*, cresceu de forma exponencial: em 1968, ano de sua fundação, as receitas foram de mais de US$2 milhões, com uma equipe de 42 empregados. Cinco anos depois, em 1973, o número de empregados chegava a 2.500, com faturamento de US$66 milhões, um crescimento médio de 90% ao ano.

A startup realizou sua **IPO** em outubro de 1971, fazendo uma captação de investimento de US$8 milhões, quase o equivalente ao faturamento anual, quando atingiu US$9,5 milhões. O crescimento continuava exponencial, e, em 1983, as receitas da **Intel** atingiram US$1 bilhão.

A **Intel** continuou inovando e, ao longo dos anos, apresentou um crescimento superior a 2 dígitos, atingindo receitas de vendas de U$71 bilhões em 2018. Sua visão atual é: *"Se é inteligente e conectado é melhor com a Intel."* Note que um propósito transformador e uma visão estratégica estão sempre presentes e precedem a definição dos objetivos e resultados a serem alcançados.

Assim, dada a crescente importância dos **OKRs** para a gestão empresarial e sua contribuição para os resultados da **Intel**, é preciso a considerar alguns pontos:

- A **Intel** era uma startup de tecnologia, que introduzia continuadamente *inovações disruptivas* no nascente negócio de computação e tecnologia da informação.

- A **Intel,** com sua vocação para inovação, lançava novos produtos, criando um *oceano azul* (*value innovation*) praticamente a cada ano, como por exemplo, a *série 8080*, o *286*, o *386*, o *486*, o *Pentium*, a linha *Celeron*, o *Xeon Platinum* e o *Core i9*.

- O ciclo de vida dos produtos da **Intel** é curto (menos de 2 anos), em especial os chips de memória, devido à **Lei de Moore**, o que significava tanto novas oportunidades como ameaças, daí a importância do foco no curto prazo e na rápida inovação. Não havia tempo para a formulação de complexos planos estratégicos, pois toda a equipe sabia qual era a prioridade e o que era preciso fazer.

- A **Intel** estava sempre ligada no que acontecia no ambiente competitivo devido à hipercompetição do mercado, principalmente dos concorrentes japoneses e o risco da inflexão estratégica.

- No contexto da rápida evolução tecnológica e do curto ciclo de vida dos produtos, o *timing* precisa ser rápido. O horizonte da estratégia competitiva era o curto prazo; um ano era considerado longo prazo (embora a empresa tivesse uma visão e um plano estratégico de 5 anos).

- A **Intel**, além de seus Fundadores doutores em tecnologia, possuía uma equipe de colaboradores (média gerência), igualmente qualificada. Grove denominava esses profissionais de *know-how managers*: os especialistas, os empreendedores e os responsáveis pelos conhecimentos, habilidades e pela inovação. Eles eram considerados um dos fatores-chave do sucesso da empresa.

Assim, se compreendermos a **Intel** como uma startup inovadora, com mentalidade empreendedora, crescimento exponencial, forte time de gestores de nível médio (especialistas em tecnologia e novos produtos) e investimentos de venture capital, facilita o entendimento do modelo de gestão e a importância dos **OKRs** neste contexto.

A alta direção e a equipe de colaboradores tinham as competências para a definição do que era importante para a empresa realizar em curto prazo. O que, infelizmente, não se aplica à maioria das empresas. Na atualidade, valorizar a abordagem *bottom-up* para ser simpático ou cumprir tabela nem sempre produz os resultados desejados. A visão do negócio, a motivação e uma excelente formação continuam sendo importantes.

Como nos ensinam os OKRs, vamos fazer um check-in

> As práticas de gestão destinadas a produzir os resultados esperados pela alta direção da empresa, precisam contar com uma Equipe de Colaboradores qualificada e capacitada na metodologia a ser implementada.

A. Andrew Grove, o criador dos OKRs

O conceito de **Objetivos e Resultados-Chave** veio a público quando Andrew Grove lançou, em 1983, o livro *High Output Management* (*Gerenciamento de Alta Produção*, em tradução livre), considerado um clássico em gestão de empresas de tecnologia. Porém, os **OKRs** foram concebidos em 1981, para apoiar o crescimento acelerado da startup **Intel** e inspirados em um renomado *guru* de negócio, Peter Drucker.

Há uma tendência no atual ambiente empresarial de considerar os **OKRs** como uma *novidade* para o mundo, o mesmo acontece com as metodologias da moda. Porém, como já mencionado, sua origem remonta à clássica **Administração por Objetivos**, criada por Peter Drucker, na década de 1950.

Anos depois, Andrew Grove, como CEO da *Intel* e entusiasta da abordagem, introduziu com sucesso o conceito sob a denominação de *iMBO-Intel Management by Objectives*, em homenagem a Drucker. O foco de Drucker eram os trabalhadores do conhecimento nas organizações, profissionais com perfil semelhante ao dos colaboradores da *Intel*. Nos dias de hoje a mensagem seria para os nativos digitais.

Na mesma linha de pensamento, Grove afirmava que os resultados de uma empresa dependiam das competências e do engajamento dos colaboradores, principalmente dos *gerentes do nível médio da organização*. Em uma empresa de tecnologia como a *Intel*, eles são pessoas altamente qualificadas e maliciosamente denominados *know-how managers*.

Esses *know-how managers* possuíam uma excelente formação: eram doutores em ciência da computação, em tecnologia da informação, eram engenheiros e técnicos especializados. Eles têm a capacidade de pesquisar, descobrir e recomendar o que a organização precisa realizar para ser bem-sucedida. Mais importante ainda, eles têm condições de definir *Objetivos e Resultados-Chave*.

Os *know-how managers* também retratam a famosa mensagem de Steve Jobs: *"Não faz sentido contratar pessoas inteligentes e dizer a elas o que elas devem fazer. Nós contratamos pessoas inteligentes para que elas possam nos digam o que fazer."* Na *Intel*, essa frase era uma regra de ouro e fazia parte da cultura organizacional.

Grove também estava preocupado com outro importante tema de gestão, que ele denominava de *managerial leverage*, o método para elevar a produtividade e alcançar o desempenho máximo (*peak performance*) no negócio. O conhecimento era essencial, e ,conforme escreveu: "Quando uma pessoa não está realizando seu trabalho, pode existir duas razões para isso." São elas:

- Ou a pessoa não sabe como fazer o trabalho.
- Ou a pessoa não quer fazer o trabalho.

Em síntese: ela é incapaz ou não está motivada para o trabalho. A responsabilidade da alta direção e dos gestores de nível médio é evitar que isso aconteça. Grove até desenvolveu uma fórmula que, segundo ele, levaria ao sucesso da empresa, conforme apresentou em seu livro *High Output Management* (*Gerenciamento de Alta Produção*, em tradução livre).

> **A fórmula do sucesso de Andy Grove**
>
> **Resultado do gerente** = resultado da organização **+** resultado da área de trabalho sob sua responsabilidade.

Para a boa gestão da empresa, Grove recomendava o uso de bons *indicadores* ou uma eficiente *mensuração*. **Os indicadores são uma ferramenta-chave para o gestor**. Eles fazem com que as pessoas prestem atenção naquilo que é importante no dia a dia de trabalho na organização. Isso requer a escolha e o foco em um número bem reduzido de indicadores (**OKRs**).

Outra importante mensagem de Grove dizia respeito ao trabalho na organização. Não deve um trabalho isolado, como ocorre em muitas empresas, mas, sim, um trabalho em equipe. E, entre as importantes atividades do trabalho em equipe de um gestor, destaca-se o *planejamento da organização*.

Para Grove, o planejamento não pode ficar armadilhado somente no futuro. O planejamento envolve ações para o futuro e ações para o presente. Mais especificamente, o *planejamento significa ações de hoje para os resultados de amanhã*. Para ele, *planejamento é igual à ação hoje*.

O planejamento também exige a consideração da situação da *organização no presente* e o que a *organização será no futuro*. Isso requer: a consecução de resultados em curto prazo, a satisfação e a conquista de clientes, a análise da evolução do mercado, a avaliação do comportamento dos concorrentes, o impacto das inovações, entre outras variáveis. Porém, sem os resultados de curto prazo, é bem provável que a empresa não sobreviva.

Na avaliação de Grove, existe um *gap* entre a organização do presente e a organização do futuro: o seu destino estratégico. Então, o que fazer para a superação desse *gap*?

Resposta: *decidir um conjunto de ações a serem realizadas em curto prazo.*

Em seguida, especificar quais objetivos permitem construir a organização do futuro. E quais resultados demonstrarão que os objetivos foram atingidos.

Grove fazia um complemento: os **Objetivos** e **Resultados-Chave**, o que atualmente é denominado de **OKRs**.

Nesse sentido, uma das maiores contribuições de Grove foi, associar os **OKRs** ao trabalho diário das pessoas (diretores e gestores) na organização, o que ele denominava *administração por objetivos*.

Grove gostava de provocar as pessoas, adaptando a famosa frase de *Alice no País das Maravilhas*: "Se você não sabe aonde quer ir, não chegará lá." Ou seja, como queremos ressaltar, em primeiro lugar: a *estratégia*, o destino, a direção e, depois, *os objetivos* e os *resultados* a serem alcançados.

Como nos ensinam os OKRs, vamos fazer um Check-in

Antes de iniciar a introdução de uma nova metodologia de gestão em sua organização, seja o planejamento estratégico, os **OKRs**, o *Balanced Scorecard*, Seja a *Transformação Digital*, lembre-se:

É essencial a capacitação da equipe de projeto sobre a abordagem. É também importante ressaltar que todo Programa de Treinamento e Capacitação da Equipe de Colaboradores precisa ter, como finalidade, o domínio de novas competências e sua aplicação prática no negócio.

B. As mensagens de Grove como Empresário e Estrategista

A contribuição de Grove para a sociedade moderna é ímpar: conseguiu combinar o potencial de uma *tecnologia disruptiva*, com uma consistente *estratégia empresarial*. Embora tivesse uma formação em ciências exatas, ele demonstrava um interesse especial pela estratégia competitiva e pelo comportamento humano, o que é essencial para o entendimento dos **OKRs**.

Para Grove, a *Intel* era, ao mesmo tempo, um laboratório de inovação tecnológica e de gestão empresarial. Desde cedo, ele dedicou-se aos estudos e à leitura de livros sobre gestão empresarial e estratégia, assuntos que despertavam seu interesse. Suas aptidões para dirigir um negócio, permitiram a ele assumir a responsabilidade pelo *iOPEC-Intel's Organizational, Philosophy and Economics*, um seminário sobre estratégia e operações da *Intel* destinado à formação dos gestores.

Nos encontros do *iOPEC*, Grove ressaltava os principais objetivos da *Intel*: margem de lucro duas vezes maior que a média do setor, ser líder de mercado em todos os produtos e serviços, e oferecer oportunidades de crescimento na empresa para os colaboradores.

Além de sua função como CEO, Grove também gostava de ensinar, e se tornou professor de planejamento estratégico, na Faculdade de Administração da Universidade de Stanford.

Vale destacar que a Universidade de Stanford faz parte do ecossistema do *Vale do Silício*, estimulando a inovação e a criação de startups. A universidade, na prática, desempenha o papel de *incubadora de startups*, tendo criado, desde sua fundação, mais de 40 mil novas empresas, merecendo destaque a HP, a Apple, a Google e a Tesla Motors.

Também merece destaque o interesse de Grove pelo tripé **planejamento-ação-resultados**, que o levou a empreender mais uma importante iniciativa. Logo após se tornar CEO da *Intel*, em 1987, criou o **SLRP: Strategy Long-Range Plan**, um encontro anual sobre a estratégia competitiva, no qual se reunia com os gerentes durante dois ou três dias. A principal finalidade do encontro era a troca de ideias sobre as principais questões estratégicas, que poderiam afetar o crescimento e a sustentabilidade da empresa.

O **SLRP** era estruturado para responder à seguinte questão: *"O que devo fazer hoje para resolver, ou melhor, evitar o problema de amanhã?"*

É a partir dessa e de outras questões que a estratégia da *Intel* era avaliada. Segundo Grove, a estratégia significava entender o presente (o negócio, os concorrentes e a tecnologia) com uma visão do futuro (três a cinco anos) e atuar simultaneamente, tanto em curto prazo, como com visão em longo prazo.

Ele dizia ser um erro se prender a uma coisa ou a outra. Segundo suas palavras: "Era preciso unir o futuro com o presente." E, recomendava aos gerentes: "Olhe para o futuro, mas raciocine no presente."

O *planejamento estratégico tradicional*, dar uma grande ênfase no futuro, às vezes, acaba perdendo o foco do presente, quando a ação efetivamente ocorre. Essa separação **presente-futuro** tem gerado um *gap* a ser resolvido pelos gestores. Assim, o que era preciso fazer? Para Grove, o instrumento para responder a este desafio era a formulação de um **Plano Anual**.

Na mente objetiva e pragmática de Grove, o *Plano Anual* significava, "as ações de hoje para os resultados do amanhã". Mas, o *Plano Anual* não pode estar sozinho. Ele necessita de uma forte aliada: a **Estratégia**.

Em comparação com as longas e tradicionais definições utilizadas, Grove considerava a **Estratégia como "o conjunto de ações prioritárias para fechar o gap existente entre o presente e o futuro"**.

Mas, a **Estratégia** não pode ser considerada uma atividade restrita à alta direção. É um erro considerar a *estratégia* com esse modelo mental, porque é um processo que exige a participação ativa dos gerentes do nível médio. Ela apresenta a característica de ser, ao mesmo tempo: *top-down*, *bottom-up* e *horizontal* (times de trabalho e equipes de projeto).

Na **Intel**, durante o comando de Grove, os líderes das unidades de negócios também deveriam reportar suas atividades no *Strategic Long Range Planning*, na qual faziam apresentações sobre o estado dos negócios e também desafiavam as ideias uns dos outros sobre o futuro da empresa, o que leva a um melhor alinhamento de perspectivas sobre o negócio.

C. A inflexão Estratégica nos negócios

Andrew Grove, enquanto empresário estrategista, não é reconhecido somente como o criador da abordagem **Objetivos e Resultados-Chave**. Para a gestão empresarial, ele também contribuiu com mais dois novos conceitos: **O Ponto de Inflexão Estratégica** e também a **Dissonância Estratégia**, explicados em seu livro, *Só os Paranoicos Sobrevivem*, publicado em 1996.

Como um estudioso da estratégia e da gestão empresarial, Andrew Grove se inspirou nas ideias de Michael Porter, em especial, no conceito das *Cinco Forças Competitivas* e também na importância do papel desempenhado pelos complementadores. Grove mostrou como a evolução da tecnologia, as inovações disruptivas, a ação dos concorrentes e os novos entrantes (inclusive startups) ameaçavam os modelos tradicionais de negócio.

A mensagem de Grove é extremamente atual: "O sucesso de um empreendimento contém as sementes de sua própria destruição; cedo ou tarde algum ponto fundamental em seu negócio mudará." É o que ele denomina de **ponto de inflexão estratégica** (Figura 3). Para não cair nessa armadilha, os dirigentes precisam ficar atentos todo o tempo ao que acontece no ambiente competitivo, porque só os paranoicos sobrevivem.

Grove vivenciou esse fato pessoalmente. A *Intel* era líder mundial de *chips* de memória, porém, em meados dos anos 1980, sofreu uma forte concorrência das empresas de chips japonesas. Os novos entrantes não só promoveram uma guerra de preços (regra dos 10% menor que a *Intel*), como também introduziram novas tecnologias.

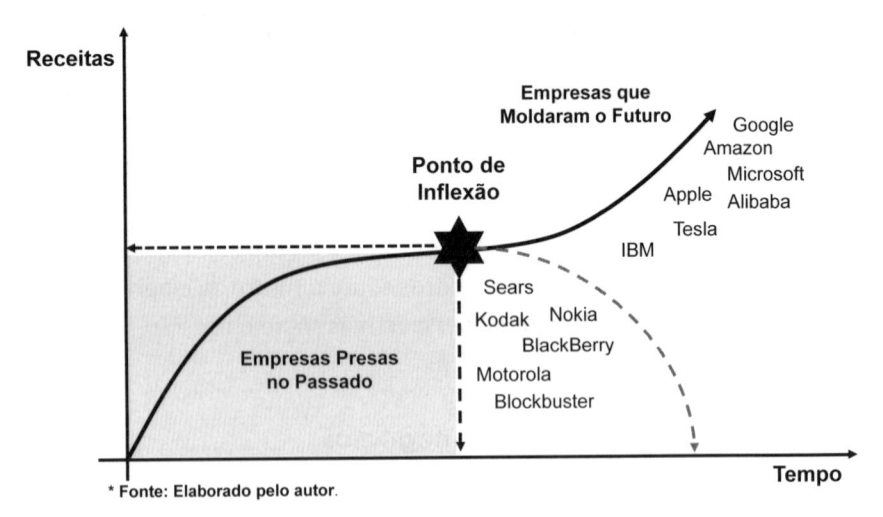

*Fonte: Elaborado pelo autor.

Figura 3: A inflexão Estratégica.

O futuro da ***Intel*** estava ameaçado. A empresa perdia lucratividade. Então, em meados de 1985, Grove formulou uma questão estratégica fundamental para Gordon Moore: "Se fossemos demitidos e um novo CEO assumisse a ***Intel***, o que ele faria?"

A resposta de Moore foi decisiva: "Ele nos tiraria do negócio de *chips* de memória." Conclusão de Grove: "Então, vamos fazer isso nós mesmos e nos concentrar no *novo* negócio de *microprocessadores*." Este é um excelente exemplo do significado de mudança estratégica, inovação do modelo de negócio, ou, ainda, de *pivotar* com uma nova ideia de negócio.

A história da ***Intel*** revela como Grove e também Moore não caíram na armadilha da ***inércia do sucesso***. Eles perceberam que uma *estratégia* e uma *tática* de negócio têm um prazo de validade e, quando não funcionam maiss é preciso muda-las, por mais difícil e custoso que isso seja.

Mais importante ainda, a ***Intel*** não teve receio em canibalizar seus próprios produtos nem esperou que um concorrente o fizesse.

Para Grove, a *inércia do sucesso* é decorrente de um grave problema que afeta a alta direção de inúmeras empresas: a **Dissonância Estratégica**. Ela ocorre quando a inovação, as novas tecnologias e os novos modelos de negócio mudam as bases da competição, e a empresa sob ataque fica presa ao seu modelo mental (*fixed mindset*), superado face às novas realidades dos negócios.

A história dos negócios está repleta de empresas que sofreram de dissonância estratégica: Sears, Blockbuster, Nokia, Kodak, Yahoo!, Blackberry, entre outras. A alta direção demorou para reagir às mudanças, procurou fazer mais do mesmo e foi incapaz de criar novos *insights* e identificar novas oportunidades. Em síntese, perderam o *timing* do negócio e as *janelas de oportunidade*. É o que Grove denomina de *síndrome do muito pouco/muito tarde*.

5. OS *OKRS* SIGNIFICAM AÇÃO ESTRATÉGICA

A breve introdução que estamos fazendo é para explicar o contexto e o momento em que os **Objetivos e Resultados-Chave** foram criados. **Os OKRs** *não começaram diretamente a partir de uma definição de objetivos*. Havia todo um pensamento estratégico e um conceito inovador de negócio, desenvolvido pelos fundadores da **Intel**.

Andrew Grove valorizava a *ação estratégica,* isto é, a alocação de recursos com a finalidade de alcançar um *objetivo estratégico*, o mais rápido possível. É a partir dessa ideia que precisamos considerar os **OKRs – Objetivos e Resultados-Chave**.

Uma ação estratégica é concreta, realizada em curto prazo, gerando um rápido *feedback* e aprendizado. As ações são realizadas por uma equipe formada, tanto por membros da alta direção, como por profissionais qualificados e colaboradores da linha de frente. *O planejamento não pode ser algo abstrato, precisa ser orientado para o dia a dia de trabalho.*

E como se inicia o processo? A resposta para Grove acontecia por meio de ações progressivas, que contribuam para a consecução de um resultado claramente definido. Mais especificamente, baseia-se em **Objetivos e Resultados-Chave**. Na época, o slogan da **Intel** era: Intel delivers – a **Intel** *entrega*, o que destacava o resultado.

Porém, existe um pré-requisito a ser considerado antes de se iniciar o processo dos **OKRs**. A organização precisa saber aonde quer chegar, saber qual é seu destino estratégico. Se você não souber, apesar das boas intenções, todo o processo é prejudicado. Uma organização não pode ficar armadilhada em ações não integradas e que não produzam valor.

Dessa forma, o sucesso de um modelo de gestão baseado em objetivos, conforme desenvolvido por Grove, deveria responder as duas importantes questões:

- *1ª Aonde eu quero ir*? A resposta especifica os **Objetivos**. Eles refletem a direção.
- *2ª* Como devo me orientar para ver se estou chegando lá? A resposta nos fornece as metas (*milestones*), ou **Resultados-Chave**.

Como ilustração dos **Objetivos e Resultados-Chave**, Grove apresenta um exemplo simples e objetivo. Vamos imaginar que você precisa ir ao aeroporto para pegar um voo até o seu destino. Para chegar ao aeroporto, você precisa passar por três cidades: A, B e C. Os *Resultados-Chave* e os *milestones* serão alcançados em 10, 20 e 30 minutos, respectivamente. Se você dirigiu por 30 minutos e não chegou ao aeroporto, é porque está perdido e provavelmente perderá o voo. Apesar do esforço, você não produziu um resultado.

Uma observação adicional é necessária. Quando você decidiu ir ao aeroporto para chegar ao seu destino, você renunciou a outras atividades que poderia fazer. Ou seja, você precisou decidir qual era a sua prioridade e realizou um *trade-off*. Lembrando, que a essência da estratégia é saber fazer as escolhas certas entre várias alternativas. O que também significa saber dizer não. Caso contrário, você não tem uma estratégia que possa ser traduzida em *objetivos* e *resultados*.

Mais uma vez, vamos mencionar Michael Porter e a forma como ele destacava a necessidade de uma empresa fazer escolhas. Segundo Porter, "Estratégia consiste em fazer *trade-offs* na competição. A essência da estratégia é optar pelo que não fazer."

Para a organização, a Alta Direção e os Gestores, especialmente os de nível intermediário, é essencial decidir o que é preciso realizar em um determinado intervalo de tempo.

Dessa forma, os objetivos da empresa e os objetivos dos empregados estão integrados entre si.

Grove também nos forneceu um bom exemplo sobre o significado do foco nas prioridades e nas escolhas, o fazer *trade-off*, o saber dizer não, quando decidiu que a **Intel** não deveria disputar o mercado de PCs, apesar de dominar as principais competências para isso.

6. UM CAPITALISTA DE RISCO ADOTA, COM SUCESSO, OS *OKRS*

Na história dos **OKRs**, existe um fato curioso a ser mencionado: Andrew Grove, o criador dos **Objetivos e Resultados-Chave,** não usava o acrônimo **OKRs**, ele foi criado posteriormente, por John Doerr, um conhecido investidor e *venture capitalist* do *Vale do Silício*.

John Doerr tem um histórico profissional que vale a pena mencionar. Ele trabalhou na *Intel*, entre os anos 1975 e 1980, onde teve a felicidade de trabalhar diretamente com Andrew Grove e vivenciou a filosofia de negócios da organização: inovação, visão, tecnologia, rapidez na tomada de decisões, foco nos resultados e valorização dos profissionais qualificados.

Na *Intel*, também conheceu Bill Davidow, chefe da divisão de microcomputadores. Doerr, conforme relatou, ficou surpreso quando nos primeiros dias de trabalho, após ter participado do *iOPEC*, Davidow solicitou que ele definisse e escrevesse suas próprias metas. Hoje pode parecer estranho, mas ele datilografou seus objetivos numa máquina de escrever *IBM* elétrica. E o mais interessante, Doerr ficou sabendo quais eram os *OKRs* de seus pares e dos diretores da organização.

Conforme Doerr percebeu na *Intel*, os *OKRs* tinham por finalidade não só definir as metas, mas, principalmente, moldar o comportamento dos funcionários, seguindo as orientações de Andrew Grove. As pessoas precisavam ter foco e compromisso com a excelência.

Quando deixou a *Intel*, foi trabalhar na Kleiner Perkins (*KPCP*) empresa de *Venture Capital*, com forte atuação junto às startups do *Vale do Silício*. Doerr foi um dos primeiros investidores do *Vale do Silício* a perceber que as tradicionais práticas de gestão não se aplicam automaticamente no mundo pós-internet, pós-tecnologias digitais, da escalada das startups e do surgimento das organizações exponenciais.

Então, que práticas de gestão de negócios deveriam ser adotadas pelos fundadores das startups? O que é preciso fazer para o índice de sucesso crescer nas empresas nascentes?

John Doerr encontrou uma possível resposta: começou a utilizar a abordagem dos *Objetivos e Resultados-Chave* nas startups que ele investia como representante de um importante *Fundo de Venture Capital*, o Kleiner Perkins. Gradativamente, Doerr tornou-se um famoso capitalista de risco do *Vale do Silício*, especialista em empresas de tecnologia e startups, investindo em empresas como, por exemplo, a Compaq Computer, a Netscape, a Symantec, a Sun Microsystems, a Amazon.com e a Intuit.

Com sua visão empreendedora, Doerr percebeu uma nova oportunidade ou melhor ainda, uma oportunidade exponencial de investimento: a Google, uma nascente empresa de tecnologia fundada em 4 de setembro de 1998, por Larry Page e Sergey Brin, dois estudantes de pós-graduação da Universidade de Stanford.

Larry e Sergey estavam insatisfeitos com as alternativas de tecnologia de busca existentes, por isso desenvolviam um projeto de pesquisa, uma solução para ajudar as pessoas a achar as informações que necessitavam, com maior velocidade, usando a internet. Porém, eles ainda não haviam descoberto qual seria o modelo de negócio e como monetizar a ideia.

A medida que a Google, a nascente startup evoluía da *ideia original*, para o *protótipo* e para o *produto mínimo* viável ainda não descoberto, eles precisavam captar investimentos para a continuidade do projeto. O poder computacional da *Lei de Moore* exigia rapidez na tomada de decisões.

Acatando as sugestões de seus professores de Stanford, dos primeiros investidores-anjo da Google e inclusive de Jeff Bezos, CEO da Amazon, eles procuraram as duas mais conceituadas empresas de capital de risco do *Vale do Silício*: a Kleiner Perkins Caufield & Byers e a Sequoia Capital.

Após intensas negociações, os dois fundos de *venture capital* decidiram investir o montante de US$25 milhões na Google, divididos igualmente entre elas em 7 de junho de 1999. Porém, impuseram uma condição aos jovens empreendedores: eles deveriam, o mais breve possível, contratar um executivo experiente para tornar o mecanismo de busca em um negócio de rápido crescimento e lucrativo.

Com o investimento realizado, a Kleiner Perkins assegurou uma cadeira no *Conselho de Administração* da Google, sendo nomeado como conselheiro John Doerr.

7. OS FUNDADORES DA GOOGLE DESCOBREM OS *OKRS*

A combinação da mentalidade empreendedora dos fundadores da Google, com a visão de negócios de John Doerr, na perspectiva de um capitalista de risco, foi essencial para o crescimento da empresa.

Larry e Brin não tinham formação em gestão — o que eles consideravam uma vantagem — valorizavam os bons engenheiros (a empresa não precisava de gestores) e o mais crítico, não possuíam um *business plan*. Na verdade não tinham a menor ideia de como elaborar um. Os fundadores achavam que a Google poderia avançar com poucos e simples princípios: o usuário como foco principal e a oferta do melhor mecanismo de busca do mercado. E a geração de caixa e o dinheiro? Bem, eles viriam depois com o crescimento da empresa em longo prazo.

Eric Schmidt, ex-CEO da Google, afirmou que o primeiro plano de negócios da empresa foi apresentado para o Conselho de Administração em outubro de 2002, com o título *Estratégia da Google: Passado, Presente e Futuro*.

Entretanto, os fundos de *venture capital* apesar de confiarem na capacidade de Larry e Sergey, precisavam mais do que princípios gerais. Eles exigiam uma gestão profissional, suportada por informações de negócios e uma avaliação dos resultados de acordo com as expectativas dos investidores.

Então, algo surpreendente aconteceu. John Doerr, sem utilizar um mecanismo de busca, deu um presente para os fundadores e o pequeno time de funcionários da Google, que muito contribuiu para a organização da empresa: os **OKRs**.

De acordo com o relato de Larry Page, presidente da Google na época, "John Doerr apareceu um dia em 1999, apresentou-nos uma palestra sobre objetivos e resultados-chave e como devemos administrar a empresa com base em sua experiência na **Intel**."

A nova metodologia ajudou a arraigar na empresa a mentalidade *pense grande*. Ainda mais importante, de acordo com Larry, "os **OKRs** ajudaram a tornar a incrível missão da Google viável." Ainda hoje (2020), o texto dos fundadores é inspirador:

"A missão da Google é organizar as informações do mundo e torná-las mundialmente acessíveis e úteis."

A recém-criada equipe de colaboradores da Google (pouco mais de 30 pessoas no final de 1999), altamente qualificada e motivada, tinha a responsabilidade de tornar este propósito uma realidade e foi o que aconteceu.

Entretanto, uma questão preocupava John Doerr: como dirigir uma empresa de jovens empreendedores sem experiência ou melhor ainda, sem interesse em gestão empresarial?

Os maiores desafio da Google era atingir um crescimento exponencial e efetuar o lançamento de inúmeros serviços. Os jovens eram empreendedores, mas como superar o preocupante *vale da morte*, um fenômeno presente nas startups (demanda crescente de investimentos sem a contrapartida no crescimento das receitas)? Qual é a melhor solução e qual seria a principal orientação para os jovens empreendedores?

A resposta é complexa porque as tradicionais abordagens de gestão empresarial não se aplicam mecanicamente a uma startup. Além disso, como nos ensinou Eric Ries, "uma startup é uma instituição humana projetada para criar produtos e serviços sob condições de extrema incerteza".

Porém, Doerr como um investidor de sucesso, descobriu na prática que a partir de um *propósito transformador massivo*, de uma *inspiradora visão estratégica* e foco nos resultados esperados pelos investidores, uma startup poderia identificar rapidamente o que precisa ser realizado pelos fundadores e pela equipe da organização.

Nas palavras de Doerr, "um sistema eficaz de estabelecimento de metas começa com um pensamento disciplinado no topo, com líderes que investem tempo e energia para escolher o que importa". Em nosso entendimento, esta é uma das principais características da filosofia dos **OKRs**.

Em resumo: o time da Google precisava fazer escolhas difíceis, mantendo todos alinhados na direção certa e produzindo resultados. Principalmente porque o negócio de tecnologia da informação passava por uma revolução estimulada pela *Lei de Moore*. Acima de tudo era importante assegurar o progresso da startup.

A Google havia concebido um poderoso conceito de negócio, suportado por tecnologia disruptiva, fundadores visionários e uma equipe muito bem qualificada. Faltava integrar tudo isso e partir para a ação efetiva.

Conforme explicou Sergey Brin: "**o OKR foi usado na Google como um princípio organizador**".

Para o atual CEO da Google, Sundar Pichai, é fundamental para a empresa continuar avaliando em tempo real, o progresso em relação aos objetivos e resultados-chave. Em janeiro de 2018, ele comentou sobre a importância dos líderes transmitirem à equipe sobre o foco, as prioridades e os resultados esperados para o ano e disse que iria comunicar pessoalmente para o time, *"essa é a nossa estratégia de alto nível e aqui estão os OKRs que escrevemos para o ano."*

A partir dessa mensagem, os *googlers*, os milhares de empregados da empresa, por meio de troca de ideias, da realização de inúmeras reuniões e com foco nas prioridades, definirão os **OKRs** individuais e em equipe. Assim, todos terão informações compartilhadas sobre o que indivíduos e equipes estão realizando.

Atualmente, a **Alphabet** é a *holding* criada por Sergey Brin e Larry Page para ajustar o posicionamento competitivo da Google, como se fossem unidades estratégicas de negócios. A Alphabet foi fundada em agosto de 2015, e entre suas subsidiárias estão a própria Google, a Android, o YouTube, a Calico, a Waymo, a Google X e a Deep Mind.

Conforme explicou Larry Page, "nós gostamos do nome porque significa uma coleção de letras que representa a linguagem, uma das inovações mais importantes da humanidade. E é a base de como indexamos todas as buscas da Google!" De uma forma provocativa, a palavra *bet* também significa aposta, o desejo dos investidores na obtenção de um retorno sobre o investimento acima da média do mercado.

Desta forma e inspirados nos exemplos da **Intel**, da **Google** e inúmeras outras empresas, os **OKRs** podem ser considerados como uma nova metodologia de gestão empresarial — possibilita uma avaliação contínua do desempenho de uma organização.

O retrospecto que realizamos, desde a origem dos **OKRs** na **Intel**, liderada por Grove, até sua redescoberta por um investidor de risco e sua introdução com sucesso na Google, nos revela uma série de ideias e práticas de gestão resumidas a seguir:

- A definição de objetivos melhora o desempenho da organização, dos times de trabalho e das pessoas.
- As metas compartilhadas são capazes de inspirar e motivar os funcionários.
- As metas difíceis (*moonshots*), em contraste com as metas da zona de conforto (*roofshots*), impulsionam o desempenho das pessoas.
- Os objetivos e os resultados a serem alcançados dão foco à atuação dos integrantes da organização.
- A transparência dos objetivos da alta direção até a linha de frente, explicita o que é importante realizar na organização.
- Os objetivos e os resultados empresariais conectam cada profissional à estratégia da organização.
- Os recursos e os investimentos são direcionados para as prioridades do negócio.
- Os programas de educação e o domínio de novas competências são baseados nas prioridades estratégicas da organização.

Em complemento, consideramos importante que alta direção e o time de gestores façam novas reflexões sugeridas a seguir.

Como nos ensinam os OKRs, vamos fazer um check-in

Em seu Ecossistema ou fora dele, pode existir uma startup que está desenvolvendo inovações atrativas para os negócios. Procure responder:

- Qual é a atenção que sua Empresa dá para as startups? Há algum Objetivo Estratégico associado à *Open Innovation*?
- Como sua Empresa se beneficiaria com uma associação, parceria ou até mesmo a aquisição de uma startup?
- Qual seria o impacto no Crescimento das Receitas e no *Valuation* da Empresa, se fosse realizada uma Aliança Estratégica entre

sua Empresa, um Fundo de *Private Equity* ou *Venture Capital* e uma startup?

- A Alta Direção da Empresa já avaliou os benefícios da constituição de uma Incubadora de startups?

Uma vez apresentada brevemente, como os **OKRs** surgiram, é preciso a partir de agora, mostrar ao leitor como ele poderá utilizar esta emergente metodologia de gestão empresarial, seguindo um passo a passo.

Neste sentido, para melhorar o entendimento do leitor e reforçar alguns dos conceitos essenciais, elaboramos dois novos conteúdos:

- 1º **Como construir os OKRs**, onde exploramos várias ideias e exemplos de fácil entendimento.

- 2º **Guia prático dos OKRs**, com cases de duas empresas de diferentes setores de atividade e de uma startup com seus diferentes desafios.

Esses conteúdos serão os temas da Parte II do presente livro, a seguir.

Parte II

Como construir os OKRs: um guia prático

"Muitas empresas se acomodam fazendo o que sempre fizeram, com apenas alguns incrementos. Esse tipo de mudança gradual e de longo prazo leva à irrelevância com o passar do tempo, especialmente em tecnologia, já que a mudança em si tende a ser revolucionária e não evolucionária.

Portanto, é preciso apostar no futuro. É por isso que investimentos em áreas aparentemente especulativas, como carros autoguiados ou uma internet provida por balões.

Então, se o passado é indicador do nosso futuro, as grandes apostas de hoje não parecerão tão loucas daqui alguns anos."

(Larry Page em 2014)

"Não existe nada mais prático do que uma boa teoria."

(Kurt Lewin)

"Por trás de toda meta, de toda a definição de desempenho, de todo acordo sobre a performance esperada, encontra-se uma filosofia, encontram-se valores."

(Niels Pflaeging)

Capítulo 3

Como Introduzir os OKRs na Empresa

8. O HOW TO DO DOS OKRS

Introdução

Nossa intenção a partir de agora é mostrar para o leitor como construir os **OKRs**, com inúmeros exemplos e cases simples, porém ilustrativos, para a melhor compreensão da abordagem. Isso será realizado considerando os três níveis de uma empresa:

- *O Nível da Organização.*
- *O Nível das Áreas da Organização e dos Times de Trabalho.*
- *O Nível do Indivíduo (OKRs Individuais).*

Os **OKRs**, como temos ressaltado, precisam refletir o contexto estratégico da empresa e os desafios que estão enfrentando atualmente no ambiente competitivo. Gostaríamos de iniciar nossa abordagem com um importante alerta:

> Por mais tentador que seja, os **OKRs** não se iniciam com os Objetivos em si, mas sim com uma Direção Estratégica.

Foi o que aconteceu com a Intel, com a Google, com a Amazon e com a Netflix — o ponto de partida para o crescimento exponencial não foram os objetivos em si, mas sim uma consistente concepção de negócio. Havia um *Propósito Transformador* que gerou a *Estratégia Empresarial* e, por sua vez, levaram a definição dos Objetivos e dos Resultados-Chave.

Dessa forma, no contexto de uma empresa em operação ou de uma startup, recomendamos a utilização da seguinte sequência para a criação dos **Objetivos e Resultados-Chave**:

> **Sequência para criação dos *OKRs*:**
> Propósito → Estratégia → Objetivos → Resultados-Chave

Esse reconhecimento das demandas do negócio e suas prioridades são essenciais para a construção dos **OKRs**. A alta direção e os gestores precisam ter consciência de que os **OKRs** não são uma simples lista de objetivos ou metas a serem definidos em uma sala de reunião, ou ainda, por meio de uma sessão independente de *brainstorming*.

Neste caso, existe o risco das pessoas nas organizações concentrarem-se nas coisas erradas, que destroem valor, quando a intenção é a criação de valor.

Como enfatizou John Doerr, "um sistema eficaz de gerenciamento de metas, um sistema OKR, vincula metas à missão mais ampla de uma equipe. Respeita metas e prazos, ao mesmo tempo em que se adapta às circunstâncias. Promove *feedback* e celebra vitórias, sejam grandes ou pequenas. Além disso, e o mais importante, expande nossos limites. Nos move a lutar pelo que pode parecer além do nosso alcance".

Nesse sentido, de acordo com nossa abordagem, para a maior consistência na definição dos *Objetivos e Resultados-Chave* fazemos uma recomendação:

a definição, no início dos trabalhos do Propósito Transformador Massivo, das Diretrizes Empresariais e da Estratégia Empresarial.

Para facilitar o leitor na implementação dos **OKRs** em sua organização, vamos fazer uma analogia: um **objetivo** pode funcionar como um GPS ou como um aplicativo Waze. Em primeiro lugar, você precisa saber qual é o seu destino. Em seguida, você informa o local de chegada e inicia a jornada de acordo com o melhor percurso, que pode ser ajustado a qualquer momento. O **resultado** é alcançar o nosso destino com rapidez e segurança.

Na perspectiva dos negócios, os **OKRs** dão clareza à *direção estratégica* da empresa. Porém, é preciso fazer um alerta: frequentemente, inúmeros gestores envolvidos na elaboração dos **OKRs** por não saberem qual é o foco da organização definem, com ansiedade, as metas. Porém, pouco tempo depois mudam as metas, o que pode gerar incerteza e desmotivação na equipe.

As frequentes mudanças de rota de forma intempestiva podem não levar ao destino desejado pelos dirigentes da organização. Existe mais uma observação a ser feita. Em diferentes empresa, alguns gestores confundem realizar incontáveis tarefas com a entrega de resultados. Na perspectiva dos **OKRs**, é preciso pensar diferente: da execução de tarefas para a entrega de *resultados mensuráveis*.

Além de necessitar de um *mindset* diferente, a implementação dos **OKRs** exige a preparação das equipes responsáveis pela execução dos trabalhos. Mais precisamente, a capacitação das pessoas, dos times (*squads*), assim como o envolvimento dos dirigentes são pré-requisitos para a implementação com sucesso, da iniciativa na organização.

Assim, elaboramos uma visão geral do processo de implementação dos **OKRs** na organização: do pré-lançamento até o monitoramento contínuo. As fases são as seguintes:

- O Pré-lançamento da iniciativa e a consciência de sua necessidade.
- O Lançamento do Projeto após a devida formulação dos **OKRs**.

- A implementação dos **OKRs** (*o kick-off*).
- O monitoramento contínuo.

Veja a seguir (Figura 4) uma ilustração da visão geral do processo de introdução dos **OKRs**, desde o momento em que a alta direção decidiu pela sua implementação até o monitoramento contínuo dos resultados e dos ajustes, se for necessário.

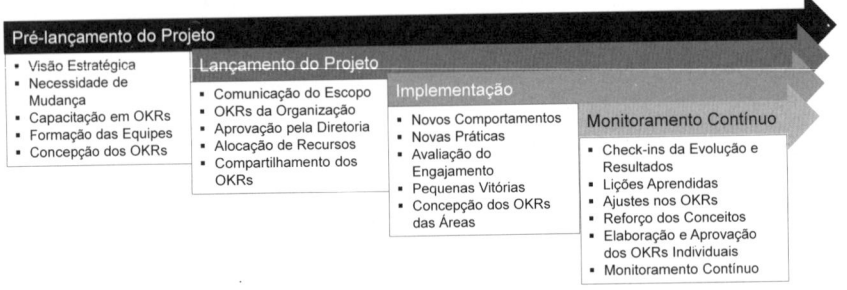

Pré-lançamento do Projeto
- Visão Estratégica
- Necessidade de Mudança
- Capacitação em OKRs
- Formação das Equipes
- Concepção dos OKRs

Lançamento do Projeto
- Comunicação do Escopo
- OKRs da Organização
- Aprovação pela Diretoria
- Alocação de Recursos
- Compartilhamento dos OKRs

Implementação
- Novos Comportamentos
- Novas Práticas
- Avaliação do Engajamento
- Pequenas Vitórias
- Concepção dos OKRs das Áreas

Monitoramento Contínuo
- Check-ins da Evolução e Resultados
- Lições Aprendidas
- Ajustes nos OKRs
- Reforço dos Conceitos
- Elaboração e Aprovação dos OKRs Individuais
- Monitoramento Contínuo

*Fonte: Elaborado pelo autor.

Figura 4: O processo dos *OKRs*: do Pré-Lançamento até o Monitoramento Contínuo.

Desta forma, seguindo este processo na organização, os integrantes dos times e os indivíduos sabem qual é o seu papel, assumem um compromisso com os objetivos estratégicos perante seus pares e agem de acordo com os valores compartilhados. Tudo isso com clareza, transparência e compartilhamento das informações.

Para a construção dos **OKRs** vale lembrar, e tomar como referência, a frase inspiradora de Drucker, "a partir da definição da sua missão e de seu propósito, um negócio deve derivar objetivos em diversas áreas-chave e equilibrar esses objetivos entre si em relação às exigências da concorrência atual e futura".

Como demonstra a mensagem de Drucker, *a estratégia precede a definição dos objetivos* e dos *resultados* a serem alcançados pela empresa ao longo do tempo. Com esse pré-requisito em mente, os líderes e gestores de uma empresa podem dar os seguintes passos para a construção dos **OKRs**:

- **Passo 1:** Definição dos Objetivos Estratégicos da Organização.

- **Passo 2:** Determinação dos Resultados-Chave da Organização.
- **Passo 3:** Escolha das Iniciativas da Organização, associados aos **OKRs**.

Vale destacar, que os passos mencionados têm um conjunto de atividades que precisam ser realizadas. Nesse sentido, vamos detalhar o que é preciso realizar nos passos recomendados.

PASSO 1: DEFINIÇÃO DOS OBJETIVOS ESTRATÉGICOS DA ORGANIZAÇÃO

Não existe uma fórmula mágica ou uma única maneira para a elaboração dos **OKRs**. Porém, apresentamos o que pode ser denominado de matriz de criação dos **OKRs**. O ponto de partida, evidentemente, é a definição dos **Objetivos** da organização. Em seguida, são determinados os **Resultados-Chave** associados a eles.

Veja a seguir, uma ilustração do procedimento recomendado, inspirada nas ideias dos principais divulgadores dos **OKRs**.

Matriz de criação dos OKRs

A Organização pretende: ⟶ [Objetivo] medido por ⟶ Resultado-Chave

Objetivo é a superação do *Gap de Resultado* existente entre a situação atual e a situação futura desejada da organização. O Objetivo mostra a direção e é **qualitativo**.	**Resultado-Chave** é uma métrica **quantitativa** que diz se a organização conseguiu superar o *Gap de Desempenho*.

A palavra **objetivo** deriva do latim *objectivius*, com o significado de algo colocado à frente. Um objetivo reflete um propósito. É aquilo que se pretende alcançar quando se realiza uma ação. O *objetivo* fornece um direcionamento e uma compreensão sobre a ação a ser realizada pelas pessoas em todos os níveis da organização.

Um objetivo é **O Que** deve ser alçado pela organização. Um objetivo deve ser realista, expressar metas e intenções. São orientados para as ações e devem inspirar as pessoas. Conforme nos ensinou George Doran, em 1981, um objetivo precisa ser **SMART** com os seguintes significados:

- **Específico** (*Specific*): deve ser retratado de forma clara, simples, sem ambiguidade, com foco, levando a esforços na mesma direção.
- **Mensurável** (*Measurable*): é possível de ser aferido e mensurado de forma quantitativa ou qualitativa.
- **Realizável** (*Achievable*): é ousado, mas possível de ser realizado pelos esforços de indivíduos, equipes e organizações.
- **Relevante** (*Relevant*): é importante do ponto de vista estratégico, da criação de valor e merece o esforço e os investimentos para que seja realizado.
- **Tempo Determinado** (*Time Bound*): tem um prazo definido a ser alcançado por meio de iniciativas, alocação de recursos organizacionais e cronograma de conclusão (início, meio e fim).

Em geral e de forma simplificada, o *Direcionamento Estratégico* tanto de empresas já estruturadas como de startups (empresas nascentes), podem gerar diferentes **Objetivos Estratégicos**.

Vamos iniciar apresentando uma lista de objetivos, tomando como referência dois perfis de organização:

A. Uma **Empresa Consolidada** em operação, com histórico de resultados.

B. Uma startup, uma empresa nascente, que está buscando sua viabilidade econômica e sustentabilidade.

A. OKRs de empresas em operação

As organizações já estabelecidas possuem um histórico de resultados como fruto de decisões tomadas no passado, seja em curto, médio ou longo prazo. No atual ciclo de planejamento podem definir, por exemplo, alguns dos seguintes objetivos:

Exemplos de Objetivos de Empresas em Operação (O) fins didáticos

(O)1. Elevar a receita da empresa com novos produtos.

(O)2. Fortalecer a imagem de marca no mercado-alvo.

(O)3. Atrair, desenvolver e manter profissionais-chave da organização.

(O)4. Reduzir os custos fixos da empresa.

(O)5. Introduzir novos produtos no segmento *B2B*.

(O)6. Monetizar a base de dados da organização.

(O)7. Elevar a retenção de clientes.

(O)8. Criar um ambiente saudável e produtivo na organização.

(O)9. Modernizar, racionalizar e proteger a tecnologia da empresa.

(O)10. Introduzir novos produtos por meio de parceria, ou aquisição de startups.

(O)11. Criar plataforma de negócio para escalar a venda de produtos (próprios ou de terceiros).

(O)12. Erradicação global da malária até 2040 (*Fundação Bill & Melinda Gate*s).

No processo dos **OKRs**, o desafio dos dirigentes, gestores e colaboradores é a criação de *objetivos* que estimulem a inspiração e a motivação das pessoas. Como já mencionamos, a definição de *objetivos* não pode ser realizada de forma mecânica e convencional.

Além disso, os *objetivos* precisam ser difíceis de serem alcançados. Nas palavras provocativas de Jim Collins, "os objetivos precisam ser poderosos, audaciosos e cabeludos (*Big Hairy Audacious Goals*)". **Para Collins é preferível atingir 70% de um objetivo audacioso, do que alcançar 100% de um objetivo medíocre.**

O reconhecimento do estágio do ciclo de vida da empresa, seus desafios empresariais, a necessidade da introdução de novas tecnologias, inclusive as disruptivas, a contínua inovação do modelo de negócios e suas prioridades são essenciais para a construção dos **OKRs**.

Veja a seguir, como os objetivos gerais de uma empresa nascente, de uma startup, são diferentes das empresas em operação.

B. OKRs de startups

As startups, por sua vez, são organizações que estão buscando sua viabilidade empresarial. Por serem empresas nascentes, não têm histórico de resultados seja do ponto de vista de clientes, de produtos, de rentabilidade, de produtividade, da concorrência, ou ainda da tecnologia.

O horizonte de tempo das operações de uma startup é o curto prazo, pois não há tempo para a elaboração de complexos, demorados e tradicionais planos de negócios. As ideias e os testes das hipóteses que motivaram a criação da organização pelos seus fundadores precisam ser testadas rapidamente.

Veja a seguir alguns exemplos de **Objetivos Estratégicos** para as startups, lembrando que uma startup não tem um histórico de resultados para serem compartilhados e avaliados.

Exemplos de Objetivos para *Startups* **(S) fins didáticos**

(S)1. Atender as necessidades, as dores e as expectativas do cliente-alvo.

(S)2. Validar a proposta de valor junto aos clientes.

(S)3. Desenvolver produtos e serviços que atenderão essas necessidades.

(S)4. Desenvolver o mercado, a partir dos adotantes iniciais.

(S)5. Traduzir a ideia de negócio em uma versão inicial do protótipo.

(S)6. Desenvolver o protótipo até o produto mínimo viável.

(S)7. Transformar o produto mínimo viável em um produto de sucesso e escalável.

(S)8. Elaborar o *pitch-deck* para apresentação da ideia do negócio a investidores.

(S)9. Captar a primeira série de investimentos para escalar as operações.

(S)10. Criar um modelo de negócios para a evolução da startup para uma empresa com crescimento sustentável das receitas.

Uma vez definido o que a organização deseja independentemente de seu perfil, o passo seguinte é a determinação do que precisa alcançar para superar seu *gap* de desempenho.

PASSO 2: DETERMINAÇÃO DOS RESULTADOS-CHAVE DA ORGANIZAÇÃO

Quando os líderes de uma organização introduzem uma nova metodologia de gestão em geral, eles pretendem melhorar os resultados da organização, como: a elevação do Retorno sobre o Investimento, a Inovação do Modelo de Negócio, o Crescimento Sustentável das Receitas e a Valorização da Empresa.

No caso dos **OKRs**, no início dos trabalhos existe uma série de possibilidades para selecionar os objetivos e os resultados desejados. O desafio da alta direção da empresa é selecionar os poucos **Resultados-Chave** que farão a diferença para o negócio.

Para direcionar esse processo, a abordagem dos **OKRs** exige um forte vínculo entre o Objetivo e o Resultado desejado. Nesse sentido, após a definição dos **Objetivos Estratégicos da Organização**, é essencial a determinação dos **Resultados-Chave** a serem entregues.

Porém, existem novas questões a serem respondidas: Como a organização superará seus desafios? Como os gestores vão monitorar e mensurar se a organização está caminhando rumo ao resultado desejado? A resposta é dada pelo significado de **Resultados-Chave (key result)**.

Um resultado é o efeito de uma ação das pessoas de uma organização, podendo demonstrar a resolução de um problema, de um assunto ou o atingimento de um objetivo.

O resultado não gera dúvidas em relação ao que foi alcançado, como por exemplo, o resultado de um jogo, a solução de uma equação matemática ou a aprovação (ou não) em um exame de qualificação profissional. Em relação aos **Resultados-Chave**, é preciso destacar que eles também precisam ser claros, específicos, mensuráveis e verificáveis. **Como explicou Marisa Mayer, "não é um resultado-chave, a menos que tenha números".**

Além disso, conforme explicação de John Doerr, "os resultados-chave refletem o modo *como* alcançar os objetivos." Eles apresentam evidências de conclusão, retratadas por indicadores de avaliação e não por tarefas realizadas, muitas das quais sem qualquer efetividade.

Um Resultado-Chave além de ser mensurável, tem um prazo determinado para sua conclusão. Uma vez definido, torna-se um importante instrumento de comunicação entre os integrantes de uma organização.

Veja a seguir os pontos importantes para a definição dos **Resultados-Chave** a serem alcançados, a partir da determinação dos **Objetivos**.

Na definição dos Resultados-Chave (keys results) lembre-se:

- Menos é mais. Definir poucos e importantes (Keys) resultados.
- Eles demonstram os resultados, e não a realização de tarefas.
- Devem ser expressos de forma clara e simples, sem perder a consistência.
- São associados a métricas bem-definidas.
- Têm um responsável pela sua entrega (accountability) conhecido por todos na organização.
- Têm um prazo determinado para sua conclusão, suportado por cronograma.
- Estão sujeitos a ajustes nas reuniões periódicas de avaliação.

Durante o processo de construção dos **OKRs**, existe mais um alerta feito por John Doerr, baseado na *work paper* (*pesquisa*) *Goals Gone Wild* (*Objetivos Descontrolados*), realizado por Lisa D. Ordóñez, Maurice E. Schweitzer, entre outros, publicado em 2009, na Harvard Business School.

A definição de objetivos desafiadores pode impulsionar a motivação das pessoas, porém não é um remédio para todos os males da organização. Tomado em excesso, pode gerar efeitos colaterais. Veja a síntese da recomendação dos autores da pesquisa, com pequenos ajustes que fizemos para maior clareza da mensagem.

Alerta

Metas mal formuladas podem causar problemas sistemáticos nas organizações devido ao foco reduzido, comportamento antiético, maior risco, menor cooperação e menor motivação.

Este alerta pode ser representado por uma analogia: a definição dos **OKRs**, assim como a prescrição de um medicamento, precisa ter a dosagem certa, senão pode gerar efeitos colaterais prejudiciais à saúde da empresa e a não consecução dos resultados almejados.

Outro ponto a ser considerado é sobre a quantidade de *objetivos* e de *resultados-chav*e que uma organização precisa realizar em um determinado horizonte de tempo. Então, qual é a recomendação em termos de número de *Objetivos* e de **Resultados-Chave**? O que as melhores práticas recomendam?

Embora não haja uma única resposta, cada empresa opera em um *ecossistema de negócios* e possui uma *cultura organizacional* que precisa ser considerada. Porém, a recomendação é que os **OKRs** tenham o seguinte *timing*, cadência e quantidade:

- **Objetivos e Resultados da Organização**: metas anuais, sem perder a perspectiva em longo prazo. A recomendação é a definição de até cinco objetivos.

- **Objetivos e Resultados das Áreas e Times**: metas trimestrais vinculadas aos objetivos anuais da organização, monitoradas mês a mês. Selecionar entre três a quatro resultados por objetivo.

Porém, de acordo com a abordagem dos **OKRs** ainda em evolução, os dirigentes e gestores de uma empresa precisam ficar alertas, para não cair em duas armadilhas frequentes: o viés **Top-Down** e o viés **Bottom-Up**, retratados a seguir.

As Armadilhas na formulação dos Objetivos e Resultados-Chave: o viés *Top-Down* X o viés *Bottom-Up*

1ª Armadilha: o viés *Top-Down*

É o estabelecimento dos objetivos somente no sentido **Top-Down**. O CEO e os *Diretores Executivos* definem os objetivos e comunicam para os níveis abaixo da organização, sem o envolvimento de profissionais-chave, colaboradores com contato direto com os clientes e demais parceiros de negócios da empresa.

As pessoas não conseguem se conectar e se motivar com o que não enxergam. É como se tivessem o desafio de explicar o enredo de um filme que ainda não assistiram ou comentar sobre os personagens de um livro que ainda não leram.

Esta recomendação é importante, porque na metodologia dos **OKRs** *não é desejável realizar o efeito cascata* ou desdobramento dos objetivos da organização para as áreas funcionais, para os times de trabalho e para o funcionário em si. É essencial que as pessoas que entregarão os resultados-chave participem de sua definição desde o início dos trabalhos.

2ª Armadilha: o viés Bottom-Up

É a definição dos objetivos somente no sentido **Bottom-Up,** isto é, os profissionais das áreas funcionais definem objetivos, de forma tempestiva sem levar em consideração as prioridades e a estratégia empresarial. O resultado é um conjunto de objetivos operacionais, na maioria das vezes, sem vínculo com o objetivo maior do negócio. Eles são direcionados para os silos organizacionais e não para o negócio em si.

Dessa forma, ao invés de acelerar o processo e entregar resultados, esse comportamento pode levar à destruição de valor na empresa.

A nossa motivação em alertar as pessoas em relação a essas duas armadilhas, é inspirada na recomendação de Andrew Grove, "numa organização a todo momento uma porcentagem significativa de pessoas está trabalhando nas coisas erradas". Para superar essas armadilhas, a metodologia dos **OKRs** oferece uma solução ao envolver as pessoas na definição de seus objetivos, desde o início dos trabalhos.

Por isso, para apoiar os profissionais das diferentes empresas, criamos uma ilustração para a criação dos **OKRs** da organização, englobando as

Áreas Funcionais, os Times de Trabalho e os Indivíduos. Com esse procedimento, os **OKRs** são construídos de forma integrada, tanto no sentido **Top-Down** como no sentido **Bottom-Up** e também de forma horizontal, com a interação entre os times de projetos (Figura 5).

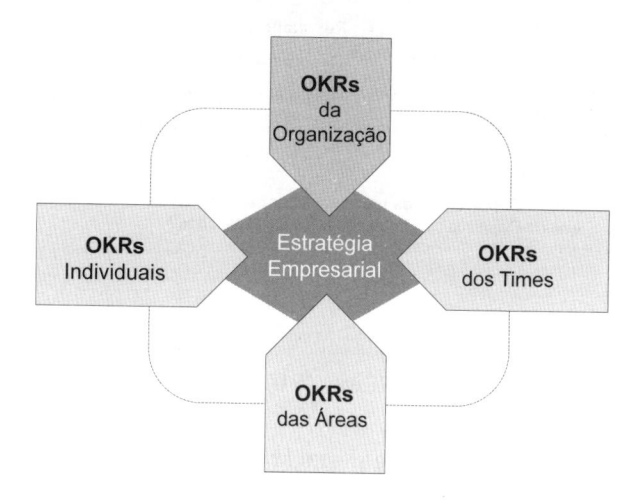

*Fonte: Elaborado pelo autor.

Figura 5: A Metodologia dos *OKRs* integra a Organização, os Departamentos, os Times e os Indivíduos.

Vale mencionar que numa grande empresa ou numa startup de base tecnológica, há inúmeros profissionais-chave com elevada formação técnica, em condições para definir o que é prioritário na organização para a criação de valor.

A hipótese é que os profissionais de nível médio e dos diferentes setores da organização tenham os conhecimentos e as competências necessárias para a definição do trabalho considerado mais importante em sua área de atuação.

OKRS NO NÍVEL DA ORGANIZAÇÃO

C. Exemplos Iniciais de *OKRs*

Uma famosa expressão popular atribuída a Confúcio nos diz que: "Uma imagem vale mais do que mil palavras." Assim, nada melhor do que apresentar uma ilustração dos **OKRs**. Vamos imaginar que a empresa pretende elevar a rentabilidade dos negócios e como isso pode ser retratado pelos **OKRs** (Figura 6).

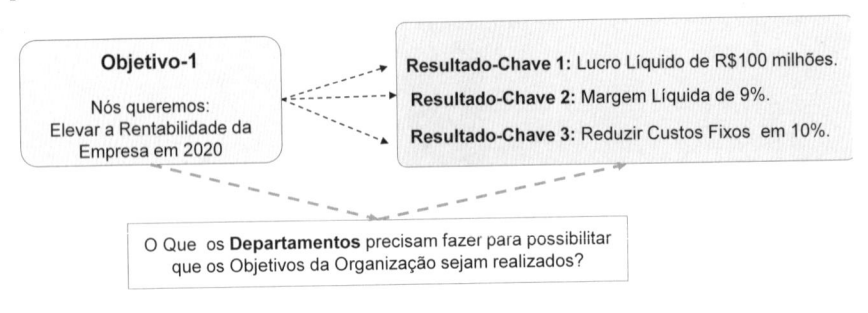

```
┌─────────────────────┐           Resultado-Chave 1: Lucro Líquido de R$100 milhões.
│    Objetivo-1       │ - - - ->  
│                     │ <- - - -  Resultado-Chave 2: Margem Líquida de 9%.
│     Nós queremos:   │
│ Elevar a Rentabilidade da       Resultado-Chave 3: Reduzir Custos Fixos em 10%.
│    Empresa em 2020  │ - - ->
└─────────────────────┘

        ┌──────────────────────────────────────────────────┐
        │  O Que os Departamentos precisam fazer para possibilitar │
        │  que os Objetivos da Organização sejam realizados? │
        └──────────────────────────────────────────────────┘
```

*Fonte: Elaborado pelo autor.

Figura 6 (Exemplo I): OKRs para Elevar a Rentabilidade.

Mais uma vez, é importante destacar uma das principais características dos **OKRs: eles não exigem um rígido desdobramento (efeito cascata) top-down para os demais departamentos da organização**. Existe sim, uma combinação de Objetivos e Resultados-Chave de forma bidirecional: os Líderes dos Departamentos tomam a iniciativa de informar como a área contribuirá para os *Objetivos Estratégicos* da Organização.

Para fazermos uma comparação, por exemplo, em relação ao **Balanced Scorecard**, vamos notar que ele é construído por meio de uma relação de causa e efeito descendente: da perspectiva do Acionista (Financeira) para a perspectiva dos Clientes, daí para a perspectiva dos Processos Internos e, finalmente, para a perspectiva de Aprendizagem e Crescimento (Capital Humano).

Em continuidade, vamos mostrar o segundo exemplo, agora associado à fidelização de clientes. Lembrando que, de acordo com a metodologia do *Net Promoter Score*, se um consumidor der uma nota menor que 8 pela experiência de compra, é porque ainda não ocorreu a fidelização. O *churn de clientes*, por sua vez, significa quantos novos consumidores uma empresa conseguiu num período de tempo, em relação aos clientes perdidos e quanto a base de clientes da empresa aumentou (Figura 7).

Note que o objetivo 2 da organização foi traduzido em três resultados-chave, e não há o efeito cascata. Os departamentos a partir do objetivo 2 decidem, com *empowerment* e *accountability*, o que é preciso fazer para contribuir com os resultados esperados pela organização.

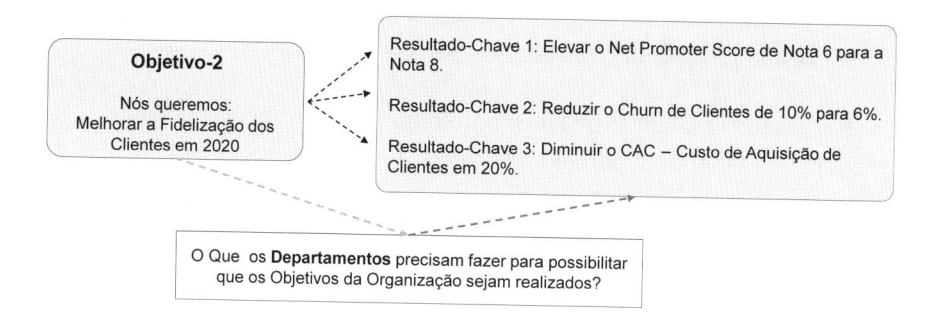

Objetivo-2

Nós queremos: Melhorar a Fidelização dos Clientes em 2020

Resultado-Chave 1: Elevar o Net Promoter Score de Nota 6 para a Nota 8.

Resultado-Chave 2: Reduzir o Churn de Clientes de 10% para 6%.

Resultado-Chave 3: Diminuir o CAC – Custo de Aquisição de Clientes em 20%.

O Que os **Departamentos** precisam fazer para possibilitar que os Objetivos da Organização sejam realizados?

*Fonte: Elaborado pelo autor.

Figura 7 (Exemplo 2): *OKRs* de Fidelização dos Clientes.

O terceiro exemplo a seguir mostra os **OKRs** associados à ampliação do escopo geográfico de atuação de uma empresa. Lembrando sobre a recomendação inicial: associar cada *Objetivo* a poucos *Resultados-Chave*, entre três a quatro de preferência. Veja, na sequência, o terceiro exemplo para ilustrar como definir um objetivo e os resultados-chave usando a metodologia dos **OKRs** (Figura 8).

Objetivo-3

Nós queremos: Ampliar os Negócios com presença nacional em 2020

Resultado-Chave 1: Elevar as Receitas de Vendas para R$ 900 milhões.

Resultado-Chave 2: Aumentar Market Share nos 10 principais mercados regionais.

Resultado-Chave 3: Qualificar e elevar em 20% a base de Representantes Comerciais até o final de 2020.

O Que os **Departamentos** precisam fazer para possibilitar que os Objetivos da Organização sejam realizados?

*Fonte: Elaborado pelo autor.

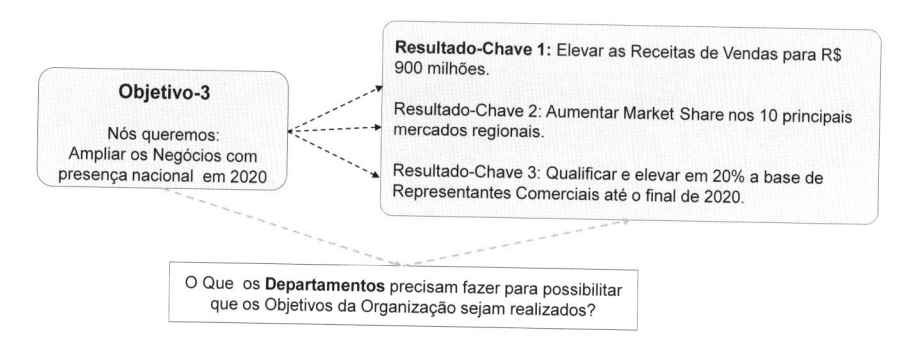

Figura 8 (Exemplo 3): *OKRs* de Ampliar Escopo Geográfico de Atuação.

Após a apresentação dos exemplos, precisamos formular mais algumas questões:

- Como as pessoas vão saber se estão evoluindo na consecução dos objetivos?
- Como realizar os check-ins e monitorar se os times e os indivíduos estão progredindo (ou não) em seus esforços?

Resposta: a melhor forma de monitoramento é uma cadência mensal, às vezes até semanal, sem perder a perspectiva em longo prazo.

E o mais importante, a avaliação contínua do desempenho da organização possibilita um rápido engajamento da equipe de colaboradores e, também, ajustes de percurso quase em tempo real.

Dessa forma, a perspectiva dos gestores evolui do *feedback* sobre o que **aconteceu** para o *feedforward*, **um olhar para a frente, uma orientação, um aperfeiçoamento, um aprendizado para a obtenção de melhores resultados no futuro próximo**, em especial, no próximo trimestre.

Se a sua organização realiza periodicamente o *feedback*, muito bom. Então, por que não estimular também o *feedward*? O aprendizado é estimado, e as perspectivas são ampliadas.

A ilustração a seguir (Figura 9), mostra um exemplo do horizonte de tempo e da cadência dos **OKRs**, com sua ênfase nos resultados trimestrais, ou ainda mensais.

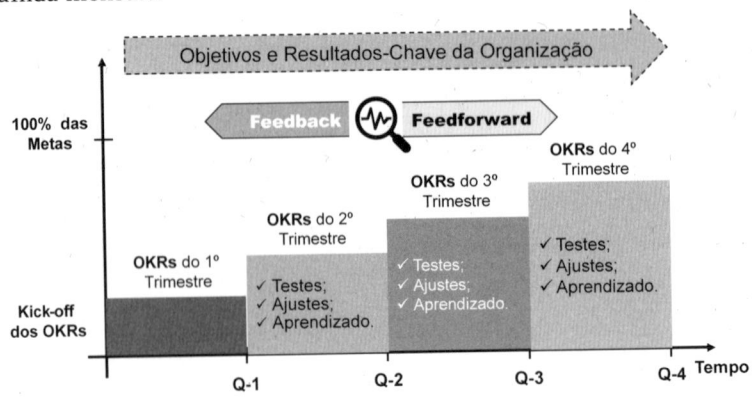

*Fonte: Elaborado pelo autor.

Figura 9: A Cadência dos *OKRs*: Integração entre Curto Prazo e Longo Prazo.

Na verdade, como diria *Leonardo da Vinci*, "a simplicidade é a suprema sofisticação", a *rapidez de implementação* e o rápido aprendizado têm sido mencionados como os principais fatores da crescente utilização e popularidade dos **OKRs**.

Com a finalidade de uma melhor visualização dos três **Objetivos** e **Resultados-Chave** selecionados, recomendamos a estrutura de apresentação da figura 10. Note que evitamos o formato hierárquico de apresentação.

Objetivos	Resultados-Chave
1. Elevar a Rentabilidade da Empresa até o final de 2020.	RC-1: Lucro Líquido de R$ 100 milhões.
	RC-2: Margem Líquida de 9%.
	RC-3: Reduzir Custos Fixos em 10%.
2. Melhorar a Fidelização dos Clientes em 2020.	RC-1: Elevar o Net Promoter Score de Nota 6 para a Nota 9.
	RC-2: Reduzir o Churn de Clientes de 10% para 5%.
	RC-3: Diminuir o CAC — Custo de Aquisição de Clientes em 20%.
3. Ampliar os Negócios com Presença Nacional em 2020.	RC-1: Elevar as Receitas de Vendas para 900 milhões.
	RC-2: Aumentar o Market Share nos 10 principais mercados regionais.
	RC-3: Qualificar e elevar em 20% a base de Representantes Comerciais até o final de 2020.

*Fonte: Elaborado pelo autor.

Figura 10: *OKRs: Síntese dos Exemplos.*

Uma vez definidos os Objetivos e os Resultados-Chave, o próximo passo é selecionar as iniciativas associadas aos **OKRs**, o que será realizado a seguir.

PASSO 3: ESCOLHA DAS INICIATIVAS DA ORGANIZAÇÃO, ASSOCIADAS AOS OKRS

Embora o foco dos **OKRs** seja os Objetivos e os Resultados-Chave como o próprio nome diz, a metodologia apresenta outro importante componente que precisa ser considerado: as iniciativas organizacionais.

As iniciativas são definidas como ações prioritárias que a organização, as áreas de negócios, as equipes de trabalho e de projetos e os indivíduos devem executar para superar o gap existente, entre a situação atual da organização (*status quo*) e o resultado-chave desejado (situação futura).

Desta maneira, podemos afirmar que não existe um objetivo, que não esteja associado ou casado a, pelo menos, uma iniciativa da organização, ou ainda, a um projeto. Essa recomendação é essencial como um requisito, porém é esquecida inúmeras vezes quando as pessoas pensam que a atividade está concluída com a escolha dos objetivos.

Na abordagem dos **OKRs**, a importância das iniciativas é que elas apresentam um *timing* imediato e são monitoradas, de forma contínua, mensalmente e trimestralmente, com a finalidade de verificar se as metas intermediárias (*milestones*) estão sendo atingidas e se os resultados-chave serão entregues (Figura 11).

*Fonte: Elaborado pelo autor.

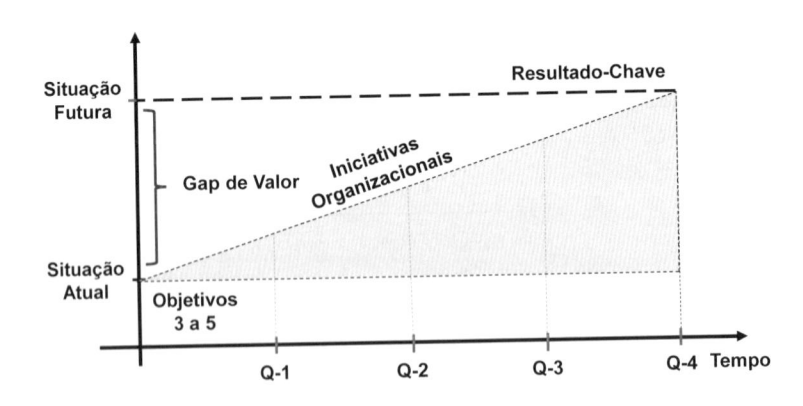

Figura 11: Os *OKRs* e as Iniciativas da Organização.

Numa palavra, e como já mencionamos, os *Objetivos* e os *Resultados-Chave* representam **o que** a organização precisa realizar. As iniciativas mostram **como** isso será realizado.

Neste sentido, as iniciativas mostram como superar a lacuna de valor existente no negócio, na expectativa dos *stakeholders*.

Em contraste com outras abordagens, como o **Balanced Scorecard**, a definição dos **OKRs** também determina, de imediato, quais são as iniciativas associadas a eles. Essas iniciativas deverão ser implementadas rapidamente e farão parte do trabalho cotidiano da organização.

Note que as iniciativas não demandarão um orçamento separado de outras atividades da empresa. Por isso, o *budget* não precisa ser disputado por outras iniciativas em curso, porque elas já fazem parte do que é prioritário e do trabalho cotidiano da organização.

Com a inclusão das iniciativas no processo dos **OKRs**, os gestores têm maior clareza sobre o foco de seu trabalho. Nesse sentido, veja a seguir um novo exemplo, considerando os objetivos, os resultados e as iniciativas da organização (Figura 12).

Objetivo	Resultado-chave	Iniciativa
Elevar a Base de Clientes.	Aumentar em 15% o Número de Clientes nos Dez Mercados-Alvo.	Introduzir Programa de Fidelização.
Reduzir o Custo de Aquisição de Novos Clientes.	Reduzir Custo Unitário em Relação ao Investimento em Propaganda.	Lançar Programa de Marketing Digital.
Lançar Novos Produtos no Mercado.	Receitas de Produtos Novos Representam 20% do Total.	Desenvolver Projeto Open Innovation.

*Fonte: Elaborado pelo autor.

Figura 12: Os Objetivos, os Resultados-Chave e as Iniciativas (Exemplo).

Na abordagem dos **OKRs**, é evidente a necessidade de uma definição de objetivos. Porém, cuidado. À medida que existe o envolvimento de inúmeros times de trabalho (*squads*) e colaboradores, existe também o risco da geração de uma proliferação de objetivos, muito dos quais sem nenhum vínculo com as prioridades da organização.

Contudo, isso acontece quando não há clareza quanto as prioridades e uma falha no alinhamento entre as pessoas. Essa situação ocorre quando o processo dos **OKRs** não é precedido de um consistente alinhamento estratégico.

Esta disfunção se manifesta quando os responsáveis pela implementação consideram os **OKRs** como uma lista de objetivos, que são fáceis de implementar. Conforme nos ensina a experiência da Google, o desafio não é a criação dos **OKRs**, mas sim, a escolha de bons **OKRs**, o que não é uma atividade trivial.

Num processo estratégico, como são os **OKRs**, os times de trabalho e os indivíduos precisam ter uma clara ideia sobre o impacto dos objetivos estratégicos (a serem selecionados) nos resultados da organização.

Para facilitar esse entendimento, recomendamos avaliar os objetivos em função de seu impacto, se for baixo (nota 1), médio (nota 3) e alto (nota 5). Dessa maneira, é possível melhorar o processo de definição dos objetivos e resultados-chave. Vale destacar que se o objetivo selecionado não for pontuado com uma nota de no mínimo 4, ele provavelmente não será relevante para a consecução dos resultados esperados pela organização (Figura 13).

Objetivos	Resultado-chave da Organização					
	Resultado-chave 1	Impacto	Resultado-chave 2	Impacto	Resultado-chave 3	Impacto
Objetivo 1		▲		■		▲
Objetivo 2		●		▲		■
Objetivo 3		▲		▲		▲
Objetivo 4		▲		▲		●

▲ Alto Impacto ● Médio Impacto ■ Baixo Impacto

*Fonte: Elaborado pelo autor.

Figura 13: Elenco de Iniciativas-Chave.

Uma vez selecionados os objetivos, os resultados desejados e as respectivas iniciativas, o próximo passo é a elaboração do Orçamento.

Ele representa a alocação de recursos da organização na forma de *CAPEX-Capital Expenditure* e de *OPEX-Operational Expenditure,* com a finalidade de possibilitar a empresa superar o gap de desempenho (situação atual *versus* situação futura), e entregar os resultados-chave no menor tempo possível.

Entretanto, antes de continuar vamos apresentar uma breve nota sobre o significado do orçamento, e também sobre a importância da criação valor econômico agregado dentro da filosofia dos **OKRs**.

D. Os OKRs, o Orçamento Empresarial e a Criação de Valor Econômico

A nossa intenção não é fazer uma análise detalhada do Orçamento Empresarial e das diferentes abordagens da criação de valor econômico, porém não é possível implementar os Objetivos e os Resultados-Chave sem a realização dos investimentos e a avaliação do retorno propiciado por eles.

Na perspectiva dos **OKRs**, o *Orçamento Empresarial* (de grandes empresas às startups) deve refletir as prioridades do negócio e não a tradicional alocação de recursos em atividades operacionais, onde inúmeras delas são irrelevantes com custos ocultos e que não criam valor econômico.

Além disso, de acordo com a abordagem dos **OKRs**, para a elaboração do orçamento empresarial é preciso considerar algumas diferenças. Enquanto o orçamento tradicional compara o realizado deste ano com o do ano anterior, os **OKRs** consideram o orçamento em relação ao desempenho que está sendo realizado, em curto prazo. Há uma cadência trimestral (ou mensal) para a entrega dos resultados, comparando o trimestre presente em relação ao trimestre anterior.

Nesse sentido, o orçamento empresarial é dinâmico, flexível com um processo contínuo de revisão e ajustes na alocação de recursos. É também o que propõe algumas metodologias mais críticas do orçamento tradicional, como, por exemplo, o *beyond budgeting* ou ainda, o *orçamento base zero* (*zero-base budgeting*).

A abordagem dos **OKRs** possibilita a elaboração do orçamento sem a necessidade de um histórico, projetando os resultados vinculados aos objetivos e os resultados futuros. Dessa forma, evita-se que as possíveis ineficiências do passado e também o uso de recursos de forma discricionária, somente porque estão orçados, disponíveis, ou como em muitos casos, para não perder a verba para o orçamento do próximo ano.

Assim, na perspectiva dos **OKRs**, cada investimento, cada despesa está associada a um objetivo e um resultado a ser conquistado pela organização, pelos times e pelos indivíduos. Isso possibilita a criação de um orçamento mais eficaz, que reflete o propósito, a estratégia e a alocação dos escassos recursos em atividades que efetivamente criarão valor para a empresa.

Em síntese: de um lado, os objetivos definem os resultados-chave a serem conquistados, de outro, o orçamento promove a alocação eficaz dos recursos necessários.

A empresa definiu os **OKRs**, elaborou o orçamento e realizou os investimentos. O próximo passo é a avaliação dos resultados do ponto de vista econômico-financeiro. Existem inúmeras abordagens para a realização da avaliação de um ciclo completo dos **OKRs** porém, vamos mencionar a criação de Valor Econômico (ou *EVA-Economic Value Added* ou *VEC-Valor Econômico Criado*). Como nos alertam os especialistas do tema, o fato da empresa definir objetivos, apresentar um crescimento da receita e ter lucratividade não significa que a organização esteja criando valor econômico para o negócio. É preciso um olhar dos negócios com a lente da **Gestão Baseada em Valor**.

Ao monitorar o processo dos **OKRs** desde a formulação, passando pela implementação e verificação dos resultados, é possível verificar se as ações dos dirigentes e do time de gestão estão criando valor econômico para a empresa.

Lembrando que o valor econômico agregado possui duas faces assimétricas entre si: de um lado ele pode ser positivo, valorizando o negócio e por outro lado, ele pode ser negativo, destruindo valor do empreendimento.

Como nos explicam Fabio Cornibert, Jorge R. Manoel e Oscar Malvessi em **Monitoramento de Desempenho Empresarial**, nos *Cadernos de Governança Corporativa do IBGC – Instituto Brasileiro de Governança Corporativa*:

"Uma boa alternativa de análise financeira para os conselheiros e dirigentes poderem mensurar a qualidade dos resultados e o retorno obtido, é o conceito do lucro econômico, abordagem com foco na metodologia de *Gestão Baseada em Valor* (*Value Based Management – VBM*) ou geração de valor.

Obtém-se lucro econômico do negócio ou geração de valor, quando os resultado operacionais são superiores ao custo de capital. Se isso não acontece, a organização destrói valor."

Em síntese, uma empresa pode estar apresentando uma melhoria na lucratividade, porém, ao mesmo tempo, pode estar acontecendo uma situação de deterioração de sua estratégia competitiva, cujo impacto será sentido no próximo ciclo de avaliação de desempenho.

Para explicar esse fenômeno, John Kotter escreveu um livro provocativo intitulado, *Nosso Iceberg está Derretendo*, para ressaltar a importância das empresas se adaptarem rapidamente às mudanças. Nesse contexto, a frase "nosso iceberg está derretendo" pode ser substituída na era digital por "nosso negócio está derretendo". Dessa forma, Propósito, Estratégia, Objetivos, Resultados e Criação de Valor econômico são essenciais para o crescimento sustentável dos negócios, ao longo dos anos.

Em continuidade, de acordo com a abordagem dos **OKRs**, a definição dos **Objetivos** e **Resultados-Chave no nível da Organização** é o ponto de partida dos trabalhos. Dependendo do perfil da empresa, há inúmeras atividades organizacionais a serem realizadas (Figura 14).

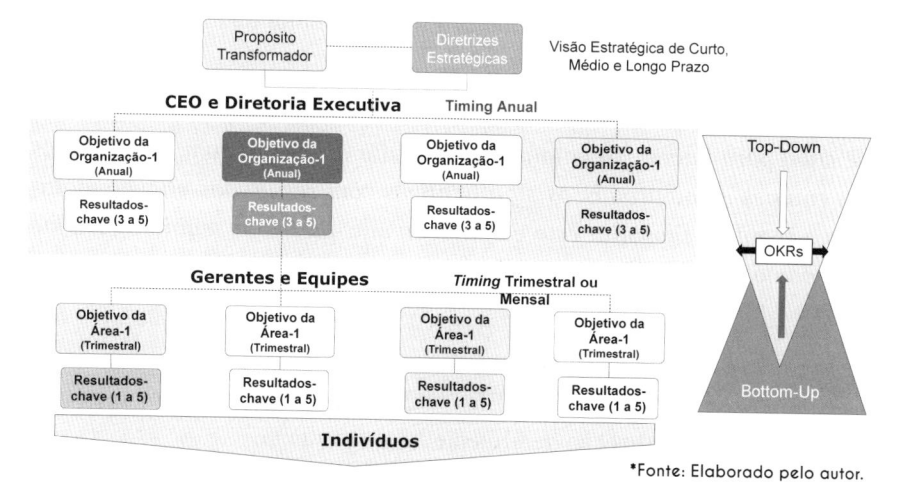

*Fonte: Elaborado pelo autor.

Figura 14: Propósito Transformador, Diretrizes Estratégicas e os *OKRs*.

Os **OKRs** também precisam ser criados tanto no **Nível das Áreas Funcionais** e **Times de Trabalho**, como, também, no **Nível Individual**. É o que será realizado a partir desta seção do livro.

OKRS DAS ÁREAS FUNCIONAIS

E. Objetivos e Resultados-Chave das Áreas Funcionais

Após a definição dos **OKRs no nível da organização**, o passo seguinte é a determinação dos **OKRs das Áreas Funcionais da Empresa** e dos Times de Trabalho.

Porém, como já falamos, existe um cuidado a ser tomado: não é recomendado o **desdobramento dos OKRs** ou **efeito cascata**, no sentido **Top-Down** e de forma automática, da diretoria executiva para as áreas funcionais. Essa recomendação apresenta um forte contraste em relação às outras metodologias de gestão, inclusive o **Balanced Scorecard,** que defendem o efeito cascata.

A inovação — e o desafio — proporcionados pela abordagem dos **OKRs**, é que eles *não* exigem, rigorosamente, uma obediência ao tradicional desdobramento de cima para baixo, o sentido único *top-down*.

A proposta é desafiadora: se os objetivos e resultados-chave dos departamentos estiverem vinculados ao Propósito maior da organização, não existe necessidade do efeito cascata.

Como nos alertou Larry Page, *"a orientação na Google costumava ser de cima para baixo. No entanto, após muita discussão com especialistas em equipes e compromissos significativos com resultados-chave, adotamos a seguinte filosofia: esta é a direção que queremos seguir, agora me diga como chegar lá."*

Assim sendo, os líderes das Áreas Funcionais podem explorar e observar com mais atenção, o que está ocorrendo no ambiente competitivo próximo à sua área de atuação. Eles podem preencher os pontos cegos do negócio, que a alta direção geralmente não está atenta.

A contribuição de indivíduos e de times de trabalho, ainda pode ser incentivada por uma importante prática de gestão adotada pela Google e outras empresas. A possibilidade de profissionais-chave dedicarem 20% de seu tempo em suas novas ideias e projetos de sua livre escolha.

Note que essa política de recursos humanos concede na prática, um dia por semana para os colaboradores irem além de seu trabalho cotidiano e voltado para o cumprimento de metas e resultados. Isso estimula o espírito empreendedor, a livre iniciativa, a imaginação, as novas ideias e um pensamento fora da caixa.

Essa liberdade de ação pressupõe o conhecimento do propósito transformador da empresa e uma visão de longo prazo. Ela também vem acompanhada de *empowerment* e *accountability,* maior responsabilidade e uma tolerância aos erros. O resultado esperado é um novo aprendizado, a geração de novos conhecimentos e uma atitude empreendedora.

Os OKRs estimulam o engajamento das pessoas

O ponto mais importante, segundo nosso entendimento, é o rápido engajamento dos gestores no processo de definição dos **Objetivos** e dos **Resultados-Chave**. Todos os profissionais devem estar na mesma página para a implementação dos **OKRs**. A comunicação começa no primeiro dia de trabalho.

A hipótese é de que os colaboradores da linha de frente, devido seu conhecimento das operações da empresa e a maior proximidade com os clientes podem e devem dar suas contribuições para o melhor desempenho do negócio. Com o engajamento dessas pessoas, a ação estratégica e o efetivo processo de implementação acontece.

É a partir dessas observações, que vamos considerar a importância do envolvimento das Áreas Funcionais e dos Times de Trabalho (*squads*) na definição de seus próprios **OKRs**. Essa prática dá um sentimento de propriedade, de motivação e de *accountability* às pessoas. Esse *empowerment* ressalta a percepção: fomos nós que definimos nossos objetivos e resultados-chave. Eles não vieram no sentido *top-down*, definidos pela alta direção, dando a sensação de serem oficiais e corporativos.

Assim, conforme já citado, recomendamos uma formulação dos **OKRs** das Áreas Funcionais em duplo sentido: tanto *Top-Down,* como *Bottom-Up.* Contudo, não há uma regra pré-determinada, mas alguns autores sugerem que cerca de 40% dos objetivos e dos resultados devem ser elaborados pelos gestores do nível médio da organização.

Com a crescente utilização das mídias sociais nas empresas, o compartilhamento das informações sobre as prioridades, os objetivos e os resultados são estimulados.

A elaboração dos OKRs das áreas funcionais

Exemplo: O case da Indústria Alfa

Dessa forma, vamos exemplificar a definição dos **Objetivos e Resultados-Chave das Áreas Funcionais**, tomando como referência, o exemplo da **Indústria Alfa**. Ela é uma empresa real, porém, vamos manter o anonimato, fazendo alguns ajustes. Vamos considerar que a empresa tem uma estrutura organizacional, composta pelo CEO e mais quatro diretorias: a diretoria de produção e supply chain, a diretoria de marketing e vendas, a diretoria financeira e a diretoria de inovação e novos produtos.

Porém, com a finalidade de apresentar ao leitor uma ilustração da metodologia dos **OKRs das Áreas Funcionais**, vamos considerar como exemplos somente a Diretoria de Produção e *Supply Chain* e a *Diretoria de Marketing e Vendas*. A finalidade é oferecer aos leitores uma referência para a criação dos **OKRs** de suas organizações e não esgotar o assunto. Assim sendo, o passo a passo para a definição dos **OKRs das Áreas Funcionais** selecionadas são os seguintes (Figura 15).

*Fonte: Elaborado pelo autor.

Figura 15: Design Organizacional da Indústria Alfa (Exemplo).

Os OKRs da organização como ponto de partida: *indústria Alfa*

Passo 1: O líder da *Área Funcional* **e seus diretos reexaminam os OKRs da Organização.**

1. Elevar o Valor de Mercado da Empresa, de forma contínua até 2023.
2. Instalar Unidade de Produção na região Centro-Oeste.
3. Comercializar os produtos combinando lojas físicas e os meios digitais.
4. Fortalecer as atividades de inovação com o lançamento de novos produtos.

A seguir, vamos iniciar o processo de definição dos **OKRs** das áreas funcionais, definindo os objetivos e resultados, diretoria por diretoria.

Os OKRs da Equipe da Diretoria de Produção e *Supply Chain*

Os principais desafios da Diretoria de Produção e *Supply Chain* conforme nosso exemplo, são os seguintes (Figura 16):

- Iniciar a produção dentro do cronograma, sem atrasos.
- Elevar a produtividade na nova planta.
- Customizar os produtos de acordo com as características culturais da região.

Cargo: Diretor de Produção e *Supply Chain*	Data de Monitoramento			
Objetivos Criados pela Equipe da Diretoria	Q-1	Q-2	Q-3	Q-4
Objetivo O-1: Elevar em 7% ao ano a produtividade das máquinas e equipamentos a partir de setembro de 2020.				
KR-1 Modernizar a linha de produção (novos equipamentos) até o final de 2021.				
KR-2 Introduzir a metodologia Learn Manufacturing até o final de 2020.				

KR-3 Retirar da linha de produção 10% dos SKUs de baixa rentabilidade em 2020.				
Objetivo O-2: Reduzir o prazo para o início da produção em 60 dias.				
KR-1 Instalar os três principais módulos de produção em 45 dias.				
KR-2 Capacitar os colaboradores locais 90 dias antes do início da produção.				
KR-3 Desenvolver dois novos fornecedores locais para os insumos estratégicos.				
Objetivo O-3: Criar embalagens específicas para o E-commerce.				
KR-1 Fazer parceria com site de marketplace 30 dias antes do início da produção.				
KR-2 Definir cinco produtos com maior potencial de vendas no mercado local.				

*Fonte: Elaborado pelo autor.

Figura 16: OKRs das Áreas Funcionais: Produção e *Supply Chain*.

Os *OKRs* da Diretoria de Marketing e Vendas

Para alcançar a liderança de mercado de produtos de higiene pessoal na região Centro-Oeste, é essencial (Figura 17):

- O lançamento de novos produtos.
- O fortalecimento da imagem de marca dos produtos, ressaltando a qualidade e sua eficiência.
- A contratação de representantes comerciais com grande conhecimento dos canais de varejo da região.

Cargo: Diretor de Marketing e Vendas	Data de Monitoramento			
Objetivos Criados pela Equipe da Diretoria	Q-1	Q-2	Q-3	Q-4
Objetivo O-1: Lançar cinco novos produtos para a Região Centro-Oeste até janeiro de 2021.				
KR-1 Realizar pesquisa de mercado junto a 100 clientes em potencial até outubro de 2020.				
KR-2 Desenvolver parceria com cinco startups para o lançamento de novos produtos em higiene pessoal a partir de agosto de 2020.				
Objetivo O-2: Assumir liderança de mercado de produtos de higiene até 2021.				
KR-1 Estabelecer Representantes Comerciais nos 5 maiores mercados regionais até outubro de 2020.				
KR-2 Fortalecer a imagem de marca da empresa na Região Centro-Oeste a partir de julho de 2020.				
KR-3 Criar campanha de marketing para elevar as vendas dos 5 mais importantes produtos de higiene pessoal até setembro de 2020.				

*Fonte: Elaborado pelo autor.

Figura 17: *OKRs das Áreas Funcionais: Marketing e Vendas.*

Em relação aos **OKRs** definidos pelas *Áreas Funcionais*, em nossos exemplos, é importante destacar que as equipes das diretorias tiveram liberdade para definir os objetivos e resultados-chave, que elas consideram mais importantes para a consecução dos resultados da organização.

Com os exemplos apresentados focalizamos, em primeiro lugar, a definição dos Objetivos e dos Resultados-Chave da Organização e, em seguida, das Áreas Funcionais e dos Times de Trabalho (ou de Projetos). O próximo passo é a realização de uma complexa e importante atividade: a determinação dos **OKRs Individuais**.

NÍVEL DO INDIVÍDUO

A Elaboração dos *OKRs* Individuais exige uma atenção especial

Conforme as melhores práticas, os **OKRs** não devem ser elaborados ao mesmo tempo e de forma independente em todas as áreas da organização. Existe um sequenciamento a ser observado para a obtenção dos melhores resultados com a utilização da abordagem:

- Primeiro: a Alta Direção (CEO e Diretores Executivos) define os **OKRs da Organização** e comunica para toda as pessoas da empresa.

- Segundo: as ***Áreas Funcionais*** (Departamentos) tomam a iniciativa de elaborar e comunicar seus respectivos **OKRs**, de acordo com a melhor contribuição para a consecução dos **OKRs** da Organização.

- Terceiro: o **Indivíduo** (Funcionário), a partir do direcionamento compartilhado, elabora seus **OKRs** com a preocupação de proporcionar sua contribuição e seu engajamento para a consecução do resultado maior da empresa.

Note que a finalidade do processo é *estabelecer um vínculo entre os Objetivos Individuais e os Objetivos da Organização*. **Não se trata de proceder a um desdobramento (efeito cascata) no sentido Top-Down** e nem estabelecer os objetivos individuais de forma autônoma no sentido *Bottom-Up*.

Uma boa forma de visualizar os **OKRs Individuais** é apresentado na figura 18.

*Fonte: Elaborado pelo autor.

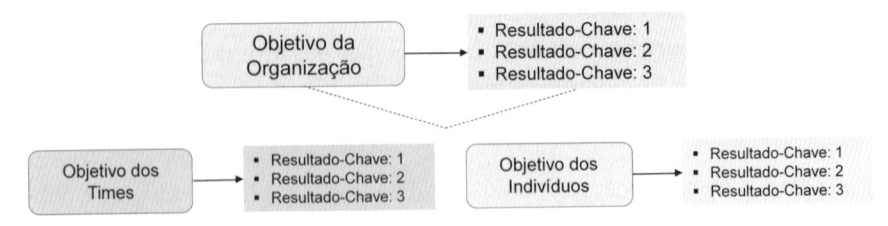

Figura 18: Os *OKRs*: do Nível da Organização para o Nível do Indivíduo.

Conforme John Doerr explicou, "os **OKRs** ajudam a comunicar, medir e atingir as metas mais elevadas da organização. É preciso pensar grande, porque as ações que geram os resultados (satisfatórios ou insatisfatórios) determinam o futuro da empresa".

Se o leitor preferir, existem outros formatos de apresentação dos **OKRs** Individuais. A escolha deve ser em função da cultura organizacional e do estilo de trabalho das pessoas da organização. Veja a seguir (Figura 19) mais uma alternativa para a elaboração dos **OKRs** Individuais com um único objetivo e quatro resultados-chave.

Nome	Alex Borges				
Função	Líder de Marketing e Vendas				
Objetivo-1		Q-1	Q-2	Q-3	Q-4
Resultado-chave 1					
Resultado-chave 2					
Resultado-chave 3					
Resultado-chave 4					

*Fonte: Elaborado pelo autor.

Figura 19: Forma alternativa para representação dos OKRs.

O ***Playbook OKRs da Google***, compartilhado por Doerr, explica claramente a importância da abordagem para a empresa: "é crucial que como funcionários e gerentes da Google, façamos escolhas conscientes, cuidadosas e informadas sobre como alocamos nosso tempo e nossa energia, como indivíduos e como membros de equipes. Os **OKRs** são a manifestação dessas escolhas cuidadosas e os meios pelos quais coordenamos as ações dos indivíduos para alcançar grandes metas coletivas."

Em continuidade dos trabalhos é também importante ressaltar a ênfase que o ***Playbook OKRs da Google*** destinava ao trabalho individual:

OKRs Individuais: recomendação do Playbook da Google

"Usamos os **OKRs** para planejar o que as pessoas vão produzir, acompanhar seu progresso *versus* o plano, coordenar prioridades e marcos entre pessoas e equipes. Também usamos os **OKRs** para ajudar as pessoas a manterem o foco nos objetivos mais importantes e ajudá-las a evitar a distração por metas urgentes, porém menos importantes."

Nesse sentido, notamos mais uma importante contribuição da abordagem dos **OKRs**: eles promovem um *gerenciamento contínuo do desempenho* em todos os níveis da organização. Na agenda das reuniões de *feedback* três temas são constantes:

- O foco nas prioridades da organização.
- A alocação do tempo dos indivíduos e dos times.
- A verificação da evolução rumo ao atingimento dos resultados.

Existe também a forte recomendação para os **OKRs** serem ambiciosos e difíceis de serem atingidos. Assim sendo, é essencial que os colaboradores meçam e compartilhem o seu progresso periodicamente por meio de reuniões de *feedback* com seus gerentes, de preferência, trimestralmente.

O Cuidado na Escolha dos OKRs Individuais

Em função das observações feitas, para a elaboração dos **OKRs** Individuais é preciso ficar atento para algumas situações. Diferentes contextos precisam ser considerados. Elaborar **OKRs** quando uma startup tem 10 empregados ou mesmo no caso da **Google**, quando foi introduzido em 1999 e tinha menos de 40 funcionários, a tarefa pode ser rápida e não consumir muito tempo das pessoas. Porém, o que acontece quando a empresa tem 100, 1.000, ou 100.000 empregados?

Conforme já destacamos, ter uma multidão de **OKRs** pode se tornar um problema para os gestores. Há inúmeros exemplos, e mesmo no caso da

Google, como relatou Laszlo Bock, *Diretor de Operações de Pessoas*, "os gestores gastavam milhares de horas a cada três meses atribuindo avaliações com exatidão quase absurda. Constatamos, porém, que estávamos gastando até 24 semanas por ano fazendo avaliações, calibrando as avaliações ou comunicando as avaliações." (Em 2018, a **Google** mudou as avaliações para semestral).

Uma aparente solução é a utilização de um software, de um aplicativo especializado em **OKRs**, porém eles não resolvem totalmente a questão. O software deve ser utilizado como um facilitador do processo e não como o condutor da metodologia. Os pré-requisitos que já mencionamos: *Propósito, Estratégia Empresarial, Objetivos* e *Resultados* devem puxar o processo, com o apoio do aplicativo.

Para a definição dos *I-OKRs* (individuais), em função de nossa experiência em projetos de gestão estratégica sugerimos a seguinte abordagem:

1º Os funcionários precisam conhecer e se inspirar no propósito, engajar-se com a Estratégia Empresarial e praticar os Valores da empresa. Eles precisam sentir que vão ao trabalho para fazer a diferença na vida das pessoas e se sentirem satisfeitos com seu trabalho.

2º Os empregados em seu dia a dia lidam, direta e indiretamente, com questões associadas aos clientes, com as finanças, com as pessoas e os processos de negócios. Veja a seguir alguns exemplos para melhorar o entendimento sobre o que estamos falando:

- **Clientes**: Todos os funcionários da empresa têm um cliente a ser atendido, quer seja externo ou interno. Toda organização precisa ser centrada no cliente (*customer centric*).

- **Finanças**: As atividades diárias na empresa utilizam recursos financeiros ou recursos organizacionais que exigem investimentos em ativos (Capex) ou em operações (Opex), realizados visando a criação de valor. Assim sendo, para evitar a má alocação dos recursos ou o desperdício, o princípio da *accountability* deve prevalecer.

- **Pessoas**: Os funcionários precisam ser capacitados, engajados e apresentar o perfil de competências necessário para entregar os resultados esperados pelo seu trabalho.

- **Processos**: Todas as organizações possuem processos ou fluxos de criação de valor, desenhados para serem eficientes.

Dessa forma, para a criação dos **I-OKRs** (Individuais) recomendamos que o empregado defina seus objetivos e determine os resultados considerando os clientes, as finanças, o capital humano e os processos de negócio. É claro que esses **OKRs** precisam refletir o contexto do trabalho e os desafios do negócio. A questão-chave referente aos **I-OKRs** (Individuais) a ser respondida pelos funcionários é exemplificada a seguir.

Imagine que você vai iniciar a elaboração de seus **OKRs**, você já possui todas as informações relevantes e foi capacitado na abordagem, então, pergunte-se: *como meu trabalho diário, mensal e trimestral na organização contribuiu para os resultados-chave da empresa?*

Para responder a essa questão vamos recorrer às recomendações de John Doerr, "os indivíduos vinculam seus objetivos ao esquema geral da empresa, identificam dependências entre eles e os coordenam com outras equipes. Ao conectar cada colaborador com o sucesso da organização, o alinhamento de cima para baixo (*Top-Down*) traz significado ao trabalho. Ao aprofundar o senso de propriedade das pessoas, os **OKRs** de baixo para cima (*Bottom-Up*) fomentam o engajamento e a inovação".

Dessa forma, para a definição do **I-OKRs** (Individuais) precisamos formular mais um pergunta: *em função do Propósito, da Estratégia Empresarial você é capaz de explicitar qual é a coisa mais importante para a organização nos próximos três, seis ou doze meses?* É a partir da resposta a essa questão que os **I-OKRs** (Individuais) serão desenvolvidos. Para a criação dos indicadores individuais, vamos tomar como exemplo os Objetivos Estratégicos da **Indústria Alfa** e da **Diretoria de Marketing e Vendas**, realizando os passos explicados a seguir. Entretanto, é preciso respeitar e fazer uma interação com o ponto de partida.

Os *OKRs* da Organização são referência para os *OKRs* Individuais

Em seguida, é preciso seguir o passo a passo sugerido, tendo a **Indústria Alfa** como exemplo:

Passo 1: O funcionário e os demais membros de sua área funcional realizam uma troca de ideias sobre os **Objetivos Estratégicos da Organização** como já foram mostrados:

Os OKRs da Organização (como referência)

Vamos assumir que os **OKRs** definidos para a organização são os seguintes:

1. Elevar o valor de Mercado da Empresa, de forma contínua até 2023.
2. Instalar Unidade de Produção na região Centro-Oeste.
3. Comercializar os produtos combinando lojas físicas e meios digitais.
4. Fortalecer as atividades de Inovação com o lançamento de novos produtos.

Em seguida, de acordo com a metodologia, são definidos os objetivos das Áreas Funcionais, dos Times de Trabalho e das Equipes de Projetos, tanto no sentido Top-Down, Bottom-Up e no sentido horizontal.

Os OKRs das Áreas Funcionais (como referência)

Para a continuidade do processo de elaboração dos **OKRs** vamos considerar os seguintes *Objetivos e Resultados-Chave da Área Funcional*:

Passo 2: O funcionário e os demais membros da Diretoria de Marketing e Vendas, analisam os Objetivos da Área Funcional também já mencionados:

Objetivo 1: Lançar cinco novos produtos para a região Centro-Oeste.

Objetivo 2: Assumir liderança de mercado de produtos de higiene até 2021.

Objetivo 3: Criar embalagens específicas para o e-commerce.

Antes da definição dos **I-OKRs** (Individual), é preciso relembrar que a definição de um objetivo deve apresentar um conteúdo motivacional e inspirar as pessoas. Não é uma atividade mecânica e convencional. Assim, ao definir os *Objetivos e Resultados Individuais*, recomendamos ter em mente as seguintes questões:

- O trabalho que você realiza (ou vai realizar) é importante para a organização?
- As atividades que você realiza na empresa são úteis para as pessoas?
- O trabalho que você faz na organização é importante para você?

Essas questões são essenciais porque, inúmeras vezes na organização, um gestor pede para as pessoas simplesmente definirem objetivos para atender uma solicitação da diretoria, ou ainda, porque vai implementar um novo software de gestão. Porém, como nos ensinam os melhores especialistas em liderança, a essência da gestão das pessoas é dar um significado ao trabalho.

A seguir, vamos apresentar alguns exemplos dos **OKRs** individuais de uma organização.

Exemplos de OKRs Individuais

Para o melhor entendimento sobre como elaborar os **OKRs** Individuais, vamos recorrer a mais um exemplo fictício da indústria Alfa.

Os OKRs Individuais da Indústria Alfa

Passo 3: Definição dos *I-OKRs* (Individual) do funcionário.

Neste caso, vamos considerar como exemplo Alex Borges, responsável pelas atividades de marketing e vendas, que definiu os seguintes *Objetivos e Resultados-Chave*.

Objetivos Individuais

1: Realizar três sessões de *focus group* para avaliar a aderência das características dos cinco produtos ao mercado regional em junho de 2020.

2: Fechar contrato comercial com as Top 10 redes de distribuição da região Centro-Oeste até setembro de 2020.

3: Lançar Campanha de Comunicação nas duas principais redes de televisão e nos três principais jornais regionais no quarto trimestre de 2020.

Em seguida, vamos associar aos Objetivos seus respectivos Resultados-Chave.

Passo 4: Definição dos Resultados-Chave.

Nossa referência é o Objetivo da Organização 01:

Do objetivo **1:** Realizar três sessões de *focus group*, para avaliar a aderência das características dos cinco produtos ao mercado regional em junho de 2020, os **Resultados-Chave** são os seguintes:

KR 1: Definir dez questões a serem exploradas nas sessões de *focus group* até junho de 2020.

KR 2: Criar as personas para a composição dos grupos de discussão (10 a 12 pessoas), até abril de 2020.

KR 3: Realizar duas sessões piloto de *focus group* para testar a aderência das questões, junto ao público-alvo até maio de 2020.

Em continuidade, o mesmo procedimento é adotado para a definição dos objetivos-chave.

Do objetivo **02:** Fechar contrato comercial com as *Top 10* redes de distribuição da região Centro-Oeste até setembro de 2020.

Os **Resultados-Chave** são os seguintes:

KR 1: Avaliar o espaço físico e a disposição das gôndolas nas lojas das Redes de Distribuição para a seleção dos parceiros comerciais, até junho de 2020.

KR 2: Estimar o potencial de venda dos cinco novos produtos nas Redes de Distribuição selecionadas até julho de 2020.

Finalmente para concluir, nossa referência agora é o Objetivo 03.

Do objetivo **03:** Lançar Campanha de Comunicação nas duas principais redes de televisão e nos três principais jornais regionais, no quarto trimestre de 2020, os **Resultados-Chave** são os seguintes:

KR 1: Definir o tema da Campanha de Comunicação até junho de 2020.

KR 2: Contratar Agência de Propaganda Regional para elaboração da campanha até junho de 2020.

KR 3: Definir a verba de marketing destinada às campanhas até fevereiro de 2020.

Como síntese e para melhorar a visualização dos Objetivos e Resultados-Chave, criamos a seguinte representação gráfica (Figura 20).

RESPONSÁVEL: ALEX BORGES, LÍDER DE MARKETING E VENDAS.

Objetivos	Resultados-Chave
O-1: Realizar três sessões de focus group para avaliar a aderência das características dos cinco produtos ao mercado regional até junho de 2020.	KR-1: Definir dez questões a serem exploradas nas sessões de focus group até abril de 2020.
	KR-2: Criar as personas para a composição dos grupos de discussão (10 a 12 pessoas) até março de 2020.
	KR-3: Realizar duas sessões piloto de focus group para testar a aderência das questões ao público-alvo até maio de 2020.
O-2: Fechar contrato comercial com as Top-10 redes de distribuição da região Centro-Oeste até setembro de 2020.	KR-1: Avaliar o espaço físico e a disposição das gôndolas nas lojas das Redes de Distribuição para a seleção dos parceiros comerciais até junho de 2020.
	KR-2: Estimar o potencial de venda dos cinco novos produtos nas Redes de Distribuição selecionadas até julho de 2020.
O-3: Lançar Campanha de Comunicação nas duas principais Redes de Televisão e nos três principais jornais regionais, no quarto trimestre de 2020.	KR-1: Definir o tema da Campanha de Comunicação até junho de 2020.
	KR-2: Contratar Agência de Propaganda Regional para elaboração da campanha até junho de 2020.
	KR-3 Definir a verba de marketing destinadas às campanhas até fevereiro de 2020.

*Fonte: Elaborado pelo autor.

Figura 20: *I-OKRs* (Individual) da Indústria Alfa.

Como podemos observar com os exemplos apresentados dos **OKRs Individuais**, cada funcionário precisa saber *o que fazer, por que fazer e quais são os resultados* de seus esforços. O que está alinhado com a clássica recomendação de Peter Drucker: "um gestor deve ser capaz de medir o desempenho e o resultado em relação à meta previamente estabelecida." Nesse sentido, de acordo com a filosofia dos **OKRs**, a definição de *objetivos* e de *resultados* deve levar à melhoria do desempenho, tanto da organização como dos indivíduos. Outra importante característica dos **OKRs** está associada às recomendações da moderna gestão de pessoas. Mais precisamente, cada indivíduo deve perguntar a si mesmo e a seus pares:

Você está construindo um ambiente de trabalho no qual gostaria de trabalhar?

Outra questão associada aos **OKRs individuais** refere-se ao risco da proliferação de objetivos na organização, que podem chegar a centenas. Este fato é reportado por inúmeras empresas que adotaram a abordagem dos **OKRs**. Em função de nossa experiência em projetos de gestão estratégica e de **Balanced Scorecard** desenvolvemos uma nova prática: **ao invés de estabelecermos objetivos no nível individual, definimos objetivos para a função (cargo) existente na estrutura organizacional.** E, em seguida, definimos o *perfil de competências* (conhecimentos, habilidades, atitudes e resultados) necessário para um profissional assumir o cargo.

Para concluir esta sessão do livro, gostaríamos de analisar brevemente, mais uma importante questão associada à implementação dos **OKRs** na empresa: *Vale a pena definir os **OKRs** até o nível do indivíduo?*

F. Questões associadas aos *OKRs* no Nível Individual

Conforme temos ressaltado, a abordagem dos **OKRs** vem sendo utilizada, cada vez mais, por inúmeras empresas de diferentes portes e setores de atividades e não somente pelas empresas de tecnologia e startups. Não temos dúvida em afirmar que esta é a metodologia de gestão do momento no mundo empresarial.

Entretanto, inúmeros empresários, CEOs e gestores foram convencidos de que a usabilidade dos **OKRs** deve-se a sua facilidade de aplicação. Como sabemos, um novo campo de conhecimento exige o domínio de seus fundamentos, hipóteses e práticas.

Esses profissionais, no afã de explorar essa fictícia simplicidade e de implementar com rapidez os *Objetivos* e *Resultados-Chave*, estão enfrentando algumas dificuldades e decepções. Os **OKRs**, aparentemente fáceis de entender e de usar, podem gerar complexos problemas organizacionais.

Um exemplo emblemático dessa afirmação é a decisão de algumas empresas como a Spotify, a Pagea e a Delivery Hero desistirem de utilizar os **I-OKRs** (Individuais). Essa situação gerou uma importante questão: ***é preciso levar os OKRs até o nível do indivíduo?*** Note que não usamos a palavra *desdobrar*.

Mais uma vez, a resposta não é fácil. Então vamos usar o velho chavão: *depende* da empresa. Como já ressaltamos, a introdução dos **OKRs** é função:

- Da cultura da organização.
- Do estágio do ciclo de vida dos negócios.
- Do porte da empresa.
- Dos princípios adotados.
- Do *mindset* dos líderes da empresa, entre outros fatores.

Acreditamos que a frase de Laszlo Bock sobre o desdobramento dos objetivos ou efeito cascata pode ser aplicada com o devido cuidado para os **I-OKRs** (Individuais): ***"estabelecer metas melhora o desempenho. Passar horas a fio desdobrando objetivos para baixo e para cima na organização, porém é contraproducente"***.

Dessa forma, as principais observações a serem feitas em relação aos **OKRs Individuais**, na verdade, críticas construtivas, são as seguintes:

- Numa empresa com muitos funcionários, o desdobramento até o nível pode gerar um número excessivo de **OKRs** para serem monitorados trimestralmente e mesmo mensalmente.

- O **I-OKR (*Individual*)** mal formulado ou superficial, pode desviar o foco do que é prioritário para o negócio, para atividades que o funcionário tem interesse em se capacitar e se beneficiar.

- Uma empresa em crescimento exponencial precisa de agilidade para a definição de objetivos e resultados no nível da organização, tornando os **OKRs** existentes desatualizados, demandando um precioso tempo para os ajustes, sem a contrapartida de criação de valor.

- Os **OKRs** visam o desenvolvimento da empresa e não um controle do desempenho individual.

- Os **OKRs Individuais** podem levar os gestores a ficarem armadilhados na microgestão, perdendo a perspectiva estratégica do negócio.

- A abordagem dos **OKRs** é colaborativa, valoriza o trabalho em equipe, o que pode ser prejudicado pelo interesse individual de alguns funcionários.

Para melhorar a integração entre os objetivos individuais com as prioridades da empresa, alguns especialistas na metodologia estão recomendando que o alinhamento do funcionário seja realizado por meio de sua participação decisiva nas iniciativas da organização.

Como sabemos, todo funcionário é parte integrante de um time de projeto, participando de pelo menos um processo da organização ou trabalhando em atividades de suporte que são muito importantes para as operações da empresa e mensurados por meio dos indicadores de desempenho.

Para estimularmos a reflexão dos profissionais interessados em implementar a abordagem dos **OKRs** em suas empresas, vale a pena reproduzir o post *Why Individual OKRs Don't Work for Us?* (*Por que os OKRs Individuais não Funcionam para Nós?*, em tradução livre) publicado pelo *Spotify HR Blog* em agosto de 2016.

Spotify: Por que os OKRs individuais não funcionam para nós?

"Os **OKRs** funcionam bem no nível da corporação. Eles são ótimos para compartilhar objetivos e resultados comuns e para fazer com que todos se movam na mesma direção. Mas o nosso nível corporativo é muito ágil, tem que ser. Como nossos objetivos mudam rapidamente, é necessário adaptarmos os **OKRs** elaborados de forma iterativa nos vários níveis até o individual, consumindo tempo e energia que não podemos dispor com tanta frequência. E não por uma boa razão. Por mais que os objetivos individuais fossem inteligentes e fizessem sentido no nível individual, eles não mudavam com a mesma velocidade que nossas prioridades se alteravam todos os meses. Assim, no final, o processo dos **OKRs** até o nível individual, tornou-se supérfluo."

Acreditamos que este post do Spotify merece uma reflexão pela equipe responsável pela implementação dos **OKRs** na organização. É preciso tomar cuidado para não interpretar de forma equivocada essa decisão. Os **OKRs** no nível da organização e dos times são essenciais e continuam fazendo parte do modelo de gestão da empresa.

9. OS PRINCIPAIS BENEFÍCIOS DOS *OKRS*

Vários estudos têm demonstrado que as empresas que adotam metodologias de gestão orientadas para a gestão do desempenho apresentam melhores resultados em relação às que não implementam. Porém, é preciso esclarecer que todo benefício da utilização de uma metodologia de gestão, independentemente do guru que a criou, depende essencialmente do engajamento da alta direção, da capacitação prévia, do significado da abordagem e da cultura da organização.

Veja a seguir os principais benefícios mencionados pela implementação dos **OKRs** na organização, segundo as experiências das empresas que o adotaram.

    a. Os **OKRs** são de fácil entendimento, o que facilita sua introdução na organização.

    b. Possui uma objetividade e rapidez de implementação em relação às metodologias tradicionais de gestão do desempenho.

    c. Os **OKRs** exigem o foco da organização no que é mais importante para o negócio.

d. Os **OKRs** estabelecem um forte vínculo entre os objetivos de curto prazo e os objetivos de longo prazo.

e. A transparência dos objetivos em todos os níveis da organização, promovendo o alinhamento entre as áreas da empresa.

f. Possibilita a análise da evolução de um negócio ao longo do tempo.

g. Os **OKRs** facilitam a comunicação das prioridades da organização em todos os níveis.

h. O processo de formulação e execução da estratégia torna-se mais objetivo e concreto, e menos abstrato para os colaboradores.

Também é importante relembrar a recomendação de Michael Porter em relação a adoção de uma metodologia de gestão empresarial: "ela deve contribuir tanto para o fortalecimento do posicionamento competitivo da empresa, mas principalmente, para a elevação do retorno sobre o investimento. Gostaríamos de acrescentar que também possibilita a Criação de Valor Econômico Agregado e o aumento da *Valuation* do negócio".

10. OS *OKRS* VISAM RESULTADOS EXTRAORDINÁRIOS – *MOOSHOTS*

Diferentes pesquisas sobre gestão, motivação e desempenho mostram as duas faces de uma mesma moeda:

- De um lado os profissionais ficam desmotivados quando não sabem qual é o propósito da organização.
- Por outro lado, quando eles participam ativamente na definição dos objetivos e dos resultados de uma organização, eles se sentem motivados e engajados com a empresa.

Tomando-se como referência a experiência da Google, das startups e das empresas de tecnologia que implementaram os **OKRs**, os desafios enfrentados por uma organização são retratados por dois tipos de objetivos:

      a. os Objetivos Aspiracionais (*Mooshots*).

      b. os Objetivos Compromissados ou Operacionais (*Roofshots*).

Esses dois tipos de objetivos têm como ponto de partida a seguinte pergunta: **Que tipo de empresa precisamos ser no próximo ano?**

O significado dos objetivos aspiracionais e objetivos compromissados são os seguintes:

      a. *Objetivos Aspiracionais* (*moonshots*) são as metas muito difíceis de alcançar, é o que Jim Collins denomina de *Big Hairy Audacious Goals* (Metas Audaciosas e Cabeludas, em tradução livre). Eles demandam conhecimentos, competências e tecnologias muito além do que a organização domina no momento.

      Porém, elas estimulam a imaginação, novos *insights* e novas ideias possibilitando a empresa superar o atual status quo e o *mindset* dominante. Os *objetivos aspiracionais* estão associados à eficácia e o foco em poucas atividades que alavancam a criação de valor. Eles podem ser ilustrados pela *Lei de Pareto*: 20% dos objetivos contribuem com 80% dos resultados da organização.

      b. *Objetivos Compromissados* (*roofshots*) são aqueles considerados obrigatórios de serem atingidos em todos os níveis da organização. 100% de realização é o mínimo esperado dos gestores e das equipes. São praticamente inegociáveis.

Eles estão associados à *qualidade, produtividade* e *eficiência operacional* e são essenciais para a sobrevivência da empresa. Se os resultados não forem entregues dentro das expectativas, é necessário um rigoroso diagnóstico para a identificação da causa-raiz do problema e sua solução.

O fundamental desta abordagem dos **OKRs** ao estimular a busca de realizações extraordinárias é que ao combinar a eficácia, a eficiência e a entrega de resultados, ela evita que uma empresa opere abaixo de seu potencial de criação de valor. Como bem esclareceu Larry Page, *"é preciso ter um desprezo saudável pelo impossível. Vocês precisam testar coisas que a maioria das pessoas não tentariam".*

Então, o que significa um bom desempenho e entrega de valor na perspectiva dos **OKRs**? Para os *Objetivos Compromissados*, a nota 10 é uma obrigação. Para os *Objetivos Aspiracionais*, atingir a nota 7 é considerado um bom desempenho, dado o grau de dificuldade do objetivo.

Veja a seguir (Figura 21) uma ilustração de um simples *dashboard* que preparamos para o melhor entendimento da prática.

Escala de Desempenho	Objetivo Compromissado	Objetivo Aspiracional
1 a 3 Não fizemos progressos reais	○ ○ ● ←	○ ← ○ ●
4 a 6 Progredimos, mas ficou abaixo do esperado	○ ○ ← ●	○ ← ○ ●
7 a 10 Entregamos os resultados	○ ○ ●	○ ○ ●
	Deve ser 10	Nota 7 é bom resultado

○ vermelho   ◎ amarelo   ● verde

*Fonte: Elaborado pelo autor.

Figura 21: Avaliação do Desempenho e de Resultados dos *OKRs*.

Para ressaltar a importância dos *Objetivos Estratégicos* serem audaciosos (*moonshots*), vamos recorrer mais uma vez a Larry Page, que vivenciou como poucos a busca de resultados quase impossíveis:

> *"Muitas empresas se acomodam fazendo o que sempre fizeram, com apenas alguns incrementos. Esse tipo de mudança gradual e de longo prazo leva à irrelevância com o passar do tempo, especialmente em tecnologia, já que a mudança em si tende a ser revolucionária, não evolucionária. Portanto, é preciso apostar no futuro."*

11. A *TIMELINE* DO PROCESSO DOS *OKRS*

Quando uma organização decidir implementar uma nova abordagem de gestão, é essencial a capacitação da equipe envolvida no projeto sobre a metodologia. Consideramos esta atividade como um pré-requisito e um fator crítico de sucesso.

Para facilitar os dirigentes e os gestores, elaboramos a *timeline* (linha do tempo) do processo de implementação dos **OKRs**. Lembrando que o timing de introdução da metodologia depende das características do negócio e da cultura da organização.

Veja a seguir (Figura 21), um exemplo de uma possível linha do tempo do processo de implementação em uma organização.

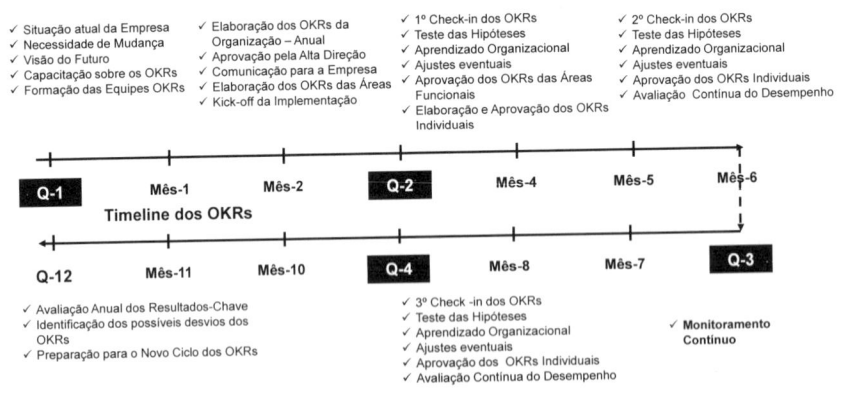

Q-1	Mês-1	Mês-2	Q-2	Mês-4	Mês-5	Mês-6
✓ Situação atual da Empresa ✓ Necessidade de Mudança ✓ Visão do Futuro ✓ Capacitação sobre os OKRs ✓ Formação das Equipes OKRs		✓ Elaboração dos OKRs da Organização – Anual ✓ Aprovação pela Alta Direção ✓ Comunicação para a Empresa ✓ Elaboração dos OKRs das Áreas ✓ Kick-off da Implementação		✓ 1º Check-in dos OKRs ✓ Teste das Hipóteses ✓ Aprendizado Organizacional ✓ Ajustes eventuais ✓ Aprovação dos OKRs das Áreas Funcionais ✓ Elaboração e Aprovação dos OKRs Individuais		✓ 2º Check-in dos OKRs ✓ Teste das Hipóteses ✓ Aprendizado Organizacional ✓ Ajustes eventuais ✓ Aprovação dos OKRs Individuais ✓ Avaliação Continua do Desempenho

Timeline dos OKRs

Q-12	Mês-11	Mês-10	Q-4	Mês-8	Mês-7	Q-3
✓ Avaliação Anual dos Resultados-Chave ✓ Identificação dos possíveis desvios dos OKRs ✓ Preparação para o Novo Ciclo dos OKRs				✓ 3º Check-in dos OKRs ✓ Teste das Hipóteses ✓ Aprendizado Organizacional ✓ Ajustes eventuais ✓ Aprovação dos OKRs Individuais ✓ Avaliação Continua do Desempenho		✓ Monitoramento Continuo

*Fonte: Elaborado pelo autor.

Figura 22: A *Timeline* da Implementação dos *OKRs*.

12. GESTÃO CONTÍNUA DO DESEMPENHO — EVOLUÇÃO E MONITORAMENTO DOS *OKRS*

Os **OKRs**, em relação às outras ferramentas de avaliação de resultados, trazem uma importante contribuição para os líderes das empresas de diferentes portes e setores de atividade: a **Gestão Contínua do Desempenho**.

No atual mundo da *Revolução Industrial e Social 4.0*, das *inovações disruptivas*, das *tecnologias* e *mídias digitais* não é mais possível realizar a avaliação do desempenho da organização uma vez por ano. Os esforços das pessoas, o desempenho em todos os níveis da organização e os resultados precisam ser avaliados em tempo real.

Como nos ensinou Drucker, "sem um plano de ação, o executivo se torna um prisioneiro dos acontecimentos. E sem check-ins para reexaminar o plano à medida que os acontecimentos se desenrolam, o executivo não tem como saber quais eventos realmente importam e quais são apenas ruídos." Mais ainda, os líderes e gestores de empresa precisam ter consciência do alerta dos principais gurus de negócio: *a estratégia sem execução é tão inútil quanto a execução sem estratégia.*

Uma importante característica da abordagem dos **OKRs** é o foco nos resultados trimestrais e a avaliação contínua dos resultados, sem perder a perspectiva de longo prazo. Dessa forma, as hipóteses estratégicas, as inovações, os novos produtos (protótipos) e os investimentos são monitorados de perto, possibilitando a *agilidade estratégica.*

É preciso ressaltar que na abordagem dos **OKRs**, a preocupação com o curto prazo não significa uma obediência cega às expectativas do mercado de capitais — a mentalidade *Wall Street* — mas sim, um avanço em relação às tradicionais abordagens de planejamento estratégico. E o mais importante, as pessoas, os times de trabalho e as equipes de projeto entram em ação rapidamente e em curto prazo, gerando motivação, engajamento, sentimento de posse e de realização.

Reforçando uma ideia central dos **OKRs**: o foco no curto prazo (sem perder a perspectiva de longo prazo) não significa cair em uma armadilha, mas reconhecer que é uma nova forma de monitorar a dinâmica de planejamento, a execução, valorizando a ação diária dos dirigentes, gestores e colaboradores da organização.

A principal finalidade da *Gestão Contínua do Desempenho*, é verificar se o trabalho realizado pelas pessoas na organização contribuiu para o sucesso do negócio.

Na literatura dos negócios, existem diferentes metodologias para a avaliação do processo de formulação, execução e monitoramento da estratégia empresarial. Entre elas gostaríamos de destacar:

- As **RGEs — Reuniões de Gestão Estratégica** — são utilizadas principalmente nas empresas que implementaram o *Balanced Scorecard*. A *RGE* é um framework para a gestão contínua da estratégia que permite à diretoria da empresa avaliar o progresso da execução da estratégia, a entrega das demandas dos clientes e a consecução dos objetivos estratégicos dos acionistas e demais *stakeholders*. Elas também são denominadas de *RAEs* — Reunião de Aprendizado Estratégico — ou Strategic Meeting. Elas também são um importante instrumento de *Governança Corporativa*.

- A **Joint Practice Session** divulgada por Ram Charan, é uma reunião de alto nível, onde os resultados, as prioridades, os investimentos e o aprendizado da organização são avaliados. É suportada por informações e *dashboard* sobre os principais projetos da empresa. Tem como ponto forte a coordenação das ações empresariais e a realização de *coaching*.

- As **CFRs – Conversations, Feedback, Recognition** (*Conversas, Feedback, Reconhecimento*) são as reuniões de gerenciamento contínuo de desempenho recomendadas por John Doerr. Com a implementação dos **OKRs**, é preciso um novo modelo de *Recursos Humanos* para capacitar as pessoas no novo modelo de gestão. Com os **OKRs**, as avaliações de desempenho das pessoas não podem mais ser anuais, mas, sim, contínuas. Um aspecto crítico da abordagem é a recomendação da separação entre o desempenho das pessoas, com a política de remuneração e a concessão de bônus. Esse assunto será retomado mais adiante.

Independentemente do método a ser adotado, os **OKRs** promovem a *Gestão Contínua do Desempenho* e a *accountability* dos dirigentes e colaboradores, estimulando a conversação entre todos os integrantes da organização, sobre as seguintes questões:

a. A organização tem foco nas prioridades estratégicas do negócio?

b. A organização, os departamentos e as pessoas estão cumprindo os objetivos? Se sim, quais os motivos dos resultados? Se não, quais são os principais obstáculos aos **OKRs**?

c. Os líderes e os colaboradores estão motivados e engajados com os **OKRs**?

d. Os departamentos, as equipes de trabalho e as pessoas colaboram entre si para o benefício da organização?

e. Existe transparência sobre os objetivos e resultados de todos os empregados da organização, da alta direção à linha de frente?

f. Quais novas habilidades e competências as pessoas precisam dominar para a entrega de resultados e o crescimento na organização?

Como síntese, podemos afirmar que os **OKRs** provocam mudanças na gestão empresarial, possibilitando agilidade, redução do tempo nas iniciativas da organização e um ciclo de aprendizagem orientado para: o foco nas prioridades, a avaliação contínua dos resultados e o comprometimento da equipe de colaboradores com o propósito da empresa.

No próximo capítulo, vamos explicar como construir os **OKRs** em sua empresa, oferecendo um *Guia Prático – o how to do*, onde apresentamos três cases: de uma indústria de produtos de higiene, de um hospital geral e de uma startup, com destaque em duas fases de seu desenvolvimento, da ideia do fundador até o protótipo e do protótipo até o produto mínimo viável.

Capítulo 4

O Guia Prático dos OKRs

*"Não se **gerencia** o que não se **mede**,
não se mede o que não se **define**,
não se define o que não se **entende**.
Não há sucesso no que não se gerencia."*

(W. Edward Deming)

*"Nem tudo que pode ser contado importa,
e nem tudo que importa pode ser contado."*

(Albert Einstein)

*"Métricas são importantes para medir seu progresso
quando você sabe exatamente o que quer fazer.
Contudo, elas também podem sufocar a inovação."*

(Joi Ito, diretor do MIT Media Lab)

13. OS *OKRS* PRECISAM REFLETIR O PERFIL DA EMPRESA

Os **OKRs**, como temos ressaltado, precisam refletir o *contexto estratégico da empresa* e os desafios que a empresa está enfrentando no atual ambiente competitivo. Por mais tentador que seja, os **OKRs** não se iniciam com os objetivos em si, mas com uma direção estratégica.

Foi o que aconteceu com a Intel, com a Google, com a Amazon e com a Netflix. O ponto de partida para o crescimento exponencial não foram os objetivos em si, mas uma consistente estratégia empresarial. Havia um *Propósito Transformador* que gerou a *Estratégia Empresarial*, que, por sua vez, levaram à definição dos **Objetivos** e dos **Resultados-Chave**.

Em geral e de forma simplificada, o *Direcionamento Estratégico*, tanto de empresas já estruturadas como de startups (empresas nascentes), pode gerar diferentes **Objetivos Estratégicos**. Por essa razão, em continuidade ao Guia de Elaboração dos **OKRs**, vamos apresentar alguns cases simplificados para o melhor entendimento sobre a construção dos **OKRs**. Lembrando mensagem das empresas de sucesso, que usam os **OKRs** como sistema de gestão de desempenho:

> "Nenhuma empresa é pequena demais ou grande o suficiente, que não se possa beneficiar dos **OKRs**."

Para compreensão e domínio dos leitores no processo de elaboração dos **OKRs** desenvolvemos três cases, de empresas em diferentes setores de atividade e ciclo de vida, com seus respectivos *Objetivos* e **Resultados-Chave**:

Case 1: Indústria do Setor de Varejo (Empresa *Alfa*);

Case 2: Empresa do Setor de Saúde (Hospital *Beta*) e;

Case 3: Startup de Tecnologia (Profit Hunter) em dois momento de seu ciclo de vida:

a) Da ideia dos Fundadores até o Protótipo;

b) Do Protótipo ao Produto Mínimo Viável e Escalável.

Case indústria do setor de varejo

Case 1: a Empresa Alfa

O exemplo da Indústria Alfa reflete o modo como os **OKRs** são construídos, a partir do Propósito e da Estratégia Competitiva. Em primeiro lugar é preciso que a Organização tenha suas prioridades estratégicas e seus **OKRs**. Eles servirão de referência para a criação dos **OKRs** das Áreas Funcionais e das Equipes Multidisciplinares. Note que a palavra-chave é referência e não desdobramento por meio do efeito cascata.

A empresa **Alfa** é uma das líderes de mercado de produtos de higiene pessoal. Com receitas superior a US$200 milhões em 2019, ela tem uma forte participação de mercado na região Sul do país, concorrendo diretamente com grandes corporações internacionais.

Como o mercado de varejo vem atravessando grandes transformações, havia a necessidade de agilidade na definição da estratégia empresarial. Por esse motivo, a alta direção decidiu utilizar a abordagem dos **OKRs** e envolver os principais líderes da organização. Os trabalhos foram realizados num curto espaço de tempo e os envolvidos ressaltaram a consistência das análises realizadas, dos objetivos e **resultados-chave** priorizados.

Objetivos da Organização

Uma vez definidos os **OKRs**, os times começaram rapidamente sua implementação. O processo de tomada de decisão foi ágil porque os principais responsáveis estavam envolvidos desde o início dos trabalhos. Também não ocorreu a tradicional separação entre a formulação e a implementação, uma vez que o ciclo de preparação dos **OKRs** é curto e além disso, as pessoas sabiam o que fazer porque haviam cocriado o trabalho a ser feito.

Neste ciclo dos **OKRs**, foram definidos quatro objetivos para a organização:

1. Elevar o Valor de Mercado da Empresa, de forma contínua, até 2023.
2. Instalar Unidade de Produção na região Centro-Oeste.
3. Comercializar os produtos combinando lojas físicas e os meios digitais.
4. Fortalecer as atividades de inovação com o lançamento de novos produtos.

Vale mencionar que a Alfa para a implementação dos **OKRs**, capacitou sua equipe de profissionais na metodologia, iniciando rapidamente os trabalhos. Da elaboração dos **OKRs** até o *kick-off* de implementação decorreram três meses. A partir dos quatro objetivos da organização foram definidos os seguintes **Resultados-Chave** por objetivo:

Resultados-Chave da Organização

Após a determinação dos **Objetivos Estratégicos**, a etapa seguinte da metodologia dos **OKRs** foi a definição pelo colegiado dos diretores executivos dos **Resultados-Chave**.

Objetivo 1

Objetivo Estratégico 1: Elevar o valor de mercado da empresa, de forma contínua até 2023. Apresenta como **Resultados-Chave (*Key Results*)**.

Responsável: Diretor financeiro.

Resultados-Chave

KR1. Elevar o Ebitda em 20% até o final de 2023.

KR2. Aumentar a rentabilidade do portfólio de produtos em 12% até 2023.

KR3. Eliminar, da linha de produção, os produtos que representam menos de 5% das receitas até o final de 2021.

KR4. Reduzir os custos fixos em 8% até o final de 2020.

Objetivo 2

Objetivo Estratégico 02: Instalar unidade de produção na região Centro-Oeste. Apresenta como **Resultados-Chave (*Key Results*)**.

Responsável: Diretor de Produção e *Supply Chain*.

Resultados-Chave

> **KR1.** Identificar terreno para a construção da fábrica até junho de 2020.
>
> **KR2.** Identificar melhor alternativa de financiamento de longo prazo com as instituições de fomento até março de 2020.
>
> **KR3.** Realizar parcerias comerciais com principais redes de varejo da região até o final de 2020.

Objetivo 3

Objetivo estratégico 03: Comercializar os produtos combinando lojas físicas e os meios digitais, entregando os seguintes ***Resultados-Chave (Key Results)***.

Responsável: Diretor de marketing e vendas.

Resultados-Chave

> **KR1.** Realizar a transformação digital da empresa até o final de 2020.
>
> **KR2.** Capacitar a equipe de vendas em tecnologias digitais até o final de 2020.
>
> **KR3.** Criar a plataforma de *marketplace* até o final de 2020.
>
> **KR4.** Vender produtos de parceiros comerciais na plataforma até o final de 2020.

Objetivo 4

Objetivo estratégico 4: Fortalecer as atividades de inovação com o lançamento de novos produtos, tendo como ***Resultados-Chave (Key Results)***.

Responsável: Diretor de Inovação e Novos Negócios.

Resultados-Chave

> **KR1.** Dominar a abordagem de **Open Innovation** até setembro de 2020.

KR2. Estruturar a área de Inovação de Produtos até junho de 2020.

KR3. Realizar parcerias estratégicas com cinco startups até o final de 2020.

A síntese e representação gráfica dos **OKRs** da Indústria *Alfa*, são mostrados a seguir (Figura 23).

Objetivos	Resultados-Chave
O-1: Elevar o Valor de Mercado da Empresa, de forma contínua até 2023.	KR-1: Elevar o Ebtida em 20% até o final de 2023.
	KR-2: Aumentar a Rentabilidade do Portfólio de produtos em 12% até 2023.
	KR-3: Eliminar da Linha de Produção os produtos que representam menos de 5% das receitas até o final de 2021.
	KR-4: Reduzir os Custos Fixos em 8% até o final de 2020.
O-2: Fortalecer as atividades de Inovação com o lançamente de novos produtos.	KR-1: Dominar a abordagem de Open Innovation até setembro de 2020.
	KR-2: Estruturar a Área de Inovação de Produtos até junho de 2020.
	KR-3: Realizar parcerias estratégicas com cinco startups até o final de 2020.
O-3: Comercializar os produtos combinando lojas físicas e os meios digitais.	KR-1: Realizar a transformação digital da empresa até o final de 2020.
	KR-2: Capacitar a equipe de vendas em tecnologias digitais até o final de 2020.
	KR-3: Criar a plataforma de marketplace até o final de 2020.
	KR-4: Vender produtos de parceiros comerciais na plataforma até o final de 2020.
O-4: Fortalecer as atividades de Inovação com o lançamento de novos produtos.	KR-1: Dominar a abordagem de Open Innovation até setembro de 2020.
	KR-2: Estruturar a Área de Inovação de Produtos até junho de 2020.
	KR-3: Realizar parcerias estratégicas com cinco startups até o final de 2020.

*Fonte: Elaborado pelo autor.

Figura 23 (Case 1): *OKRs* da indústria Alfa.

Case empresa do setor de saúde

Case 2: Empresa do Setor de Saúde — o Hospital Beta

Os dois cases apresentados mostram como a metodologia dos **OKRs** é participativa, exigindo o alinhamento entre a organização, as áreas funcionais e os times de trabalho em torno do Propósito e da Estratégia Competitiva.

Mostra também como o processo é realizado tanto no sentido *Top-Down* como no sentido *Bottom-Up* e horizontalmente. Isso facilita a comunicação, o acompanhamento dos resultados, a transparência e o *empowerment* das pessoas.

Mostramos com exemplos a adoção dos **OKRs** por uma grande indústria e por uma organização do setor de saúde. Agora mostraremos como eles podem ser implementados com sucesso nas startups, como a experiência das empresas do *Vale do Silício* demonstra.

O **Hospital Beta** completará 70 anos de existência em fevereiro de 2020, prestando serviço para os clientes dos planos de saúde e do *SUS – Serviço Único de Saúde*. O hospital foi fundado por médicos, possui 320 leitos e agora inicia um novo ciclo de crescimento. As receitas de serviços médico-hospitalares atingiram US$120 milhões em 2019.

Em função das rápidas transformações que estão ocorrendo no setor da saúde no Brasil e no mundo, o *novo Diretor Clínico*, após visitar o *Vale do Silício* em busca de novas tecnologias para o cuidado médico-hospitalar, conheceu a abordagem dos **OKRs**. De imediato, percebeu o potencial da metodologia e introduziu na instituição de saúde.

Durante o processo de elaborações dos **OKRs**, ocorreu uma importante integração entre o corpo clínico e a equipe de gestão do hospital. Assim, foi possível a seleção de quatro objetivos para o período de 2020 a 2022, com ênfase na introdução de novos procedimentos de cuidados com a saúde, na inovação de seu modelo médico-hospitalar e na ampliação da estrutura de atendimento aos pacientes.

Objetivos da Instituição de Saúde

A diretoria executiva do hospital e os times de trabalho interfuncionais definiram **quatro objetivos,** que foram aprovados pelo conselho de administração do hospital:

1: Elevar o número de leitos no hospital a partir de 2020.

2: Aumentar a Base de Clientes dos Planos de Saúde.

3: Melhorar a integração entre o Corpo Clínico e a Equipe de Gestão.

4: Desenvolver Pesquisas Clínicas em Doenças Cardiovasculares.

Algumas questões que preocupavam a *Diretoria Executiva*: necessidade de ampliar o número de leitos, melhoria da qualidade dos serviços de medicina diagnóstica, desenvolvimento da pesquisa clínica e a melhoria do relacionamento entre o corpo clínico e a equipe administrativa. Nesse sentido, foram definidos os seguintes resultados por objetivo:

Resultados-Chave do Hospital

Objetivo 1

Objetivo estratégico 1: Elevar o número de leitos do hospital a partir de 2020.

Responsável: Diretor clínico.

Resultados-Chave

KR1. Disponibilizar 30 novos leitos até o final de 2020.

KR2. Terceirizar os serviços de medicina diagnóstica até junho de 2020.

KR3. Reformar a ala do 2º andar do prédio, disponibilizando 20 leitos no final de 2020.

Objetivo 2

Objetivo estratégico 2: Aumentar a Carteira de Clientes dos Planos de Saúde.

Responsável: Diretor Financeiro Administrativo.

Resultados-Chave

KR1. Credenciar três novos planos de saúde até o final de 2020.

KR2. Realizar acordo de prestação de serviço com cinco grandes empresas até o final de 2020.

Objetivo 3

Objetivo estratégico 3: Melhorar a integração entre o Corpo Clínico e a Equipe de Gestão.

Responsável: Diretor Clínico.

Resultados-Chave

KR1. Criar a Diretoria Técnica, sob a responsabilidade de um médico eleito pelo corpo clínico até junho de 2020.

KR2. Realizar pesquisa trimestral sobre o grau de satisfação dos médicos a partir de março de 2020.

KR3. Alinhar o corpo clínico sobre o Propósito, a Estratégia e os Valores do hospital até abril de 2020.

Objetivo 4

Objetivo estratégico 4: Desenvolver Pesquisas Clínicas em Doenças Cardiovasculares.

Responsável: Diretor Técnico.

Resultados-Chave

KR1. Realizar parceria com a Corporação Farmacêutica Internacional até o final de 2020.

KR2. Capacitar três médicos sobre pesquisa clínica até setembro de 2020.

KR3. Selecionar cinco grupos de pacientes do sistema de informação para pesquisas, com apoio do *Big Data* até maio de 2020.

A síntese e a representação gráfica dos **OKRs** do **Hospital Beta** são mostrados a seguir (Figura 24).

Objetivos	Resultados-Chave
O-1: Elevar o número de leitos do hospital a partir de 2020.	KR-1: Disponibilizar 30 novos leitos até o final de 2020.
	KR-2: Terceirizar os serviços de medicina diagnóstica até junho de 2020.
	KR-3: Retomar ala do segundo andar do prédio, disponibilizando 20 leitos até o final de 2020.
O-2: Aumentar a Base de Clientes dos Planos de Saúde.	KR-1: Credenciar três novos planos de saúde até o final de 2020.
	KR-2: Realizar acordo de prestação de serviço com cinco grandes empresas até o final de 2020.
O-3: Melhorar a Integração entre o Corpo Clínico e a Equipe de Gestão.	KR-1: Criar a Diretoria Técnica sob a responsabilidade de um médico eleito pelo corpo clínico até junho de 2020.
	KR-2: Realizar pesquisa trimestral sobre o grau de satisfação dos médicos a partir de março de 2020.
	KR-3: Alinhar o corpo clínico sobre o Propósito, a Estratégia e os Valores do hospital até abril de 2020.
O-4: Desenvolver Pesquisas Clínicas em Doenças Cardiovasculares.	KR-1: Realizar parceria com Corporação Farmacêutica Internacional até o final de 2020.
	KR-2: Capacitar três médicos sobre pesquisa clínica até setembro de 2020.
	KR-3: Selecionar cinco grupos de pacientes do sistema de informações para as pesquisas, com apoio do Big Data até maio de 2020.

*Fonte: Elaborado pelo autor.

Figura 24 (Case 2): *OKRs* do Hospital *Beta*.

Case startup de tecnologia

Case 3: *Startup* Profit Hunter

As startups são organizações que estão buscando sua viabilidade econômica e o sucesso empresarial. Por serem empresas nascentes não possuem histórico de resultados, seja do ponto de vista de clientes, de produtos, de rentabilidade, de produtividade, da concorrência, ou ainda, da tecnologia.

O horizonte de tempo das operações de uma startup é o curto prazo, pois não há tempo para a elaboração de demorados e tradicionais planos de negócio. As ideias e as hipóteses que motivaram a criação da organização pelos seus fundadores precisam ser testadas rapidamente. Veja a seguir alguns exemplos de **Objetivos Estratégicos** para as startups.

A abordagem dos **OKRs** foi desenvolvida numa empresa de tecnologia, a *Intel*, e prosperou numa startup, a Google, e por meio do efeito demonstração devido ao sucesso obtido, a metodologia se disseminou para inúmeras empresas nascentes do *Vale do Silício* e também para corporações e empresas de diferentes perfis.

Para o entendimento dos motivos pelos quais os **OKRs** apresentam uma grande aderência nas startups, é preciso entender sua natureza. De acordo com Steve Blank e Bob Dorf, ***"uma** startup **é uma organização temporária em busca de um modelo de negócio escalável, recorrente e lucrativo"***.

Dessa forma e com a finalidade de ilustrar a aplicação dos **OKRs** nas startups, vamos simular os Objetivos e os **Resultados-Chave** em dois diferentes momentos dessas organizações em evolução:

- **Da ideia do fundador até o protótipo.**
- **Do protótipo até o produto mínimo viável.**

Antes, vamos apresentar nosso conceito dessas empresas nascentes: uma startup é uma organização provisória, criada por um empreendedor e associados, com a finalidade de transformar uma ***ideia*** num ***Produto Mínimo*** viável, por meio de testes e aprendizado contínuo com os clientes e mercados em potencial, até chegar ao ***Produto Escalável*** com crescimento da receitas e lucratividade (Figura 25).

Descoberta-Ideação: Da Ideia ao Protótipo › Incubação: Do Protótipo ao Produto Mínimo Viável › Aceleração: do Produto Mínimo Viável ao Produto Escalável › Viabilização do Negócio: do Produto Escalável à Empresa Lucrativa

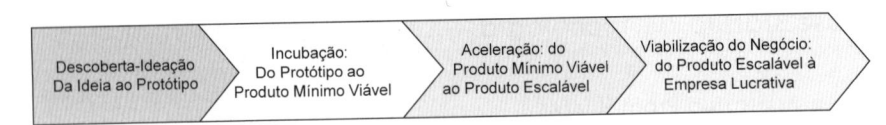

*Fonte: Elaborado pelo autor.

Figura 25: Fases do fluxo de valor de uma startup.

Vale destacar que a criação do **Produto Escalável** e o crescimento sustentável das receitas transformam a Startup em uma **Empresa de Sucesso**. Para a melhor visualização das startups como uma organização temporária e em evolução, desenvolvemos uma matriz, contendo algumas variáveis que consideramos relevantes para uma startup em suas diferentes fases.

Veja a seguir nossos exemplos da aplicação dos **OKRs** nos dois importantes momentos: primeiro, da ideia até o protótipo e, em seguida, do protótipo ao produto mínimo viável, usando um nome hipotético para a nossa startup de tecnologia: a *Profit Hunter* (Figura 26).

Variável da Startup	I. Da Ideia e Oportunidade ao Protótipo	II. Do Protótipo ao Produto mínimo Viável	III. Do Produto Escalável à Empresa Viável
1. Produto	• É uma ideia a ser explorada	• Criar o Produto Mínimo Viável (Pivotar?)	• Produto escalável definido
2. Receitas	• Zero	• Inicial, sazonal com altas e baixas	• Crescimento escalável
3. Clientes	• Suspects e prospects	• Primeiros adotantes	• Novos grupos de clientes
4. Lucro (ou Resultado)	• Prejuízo e crescente	• Prejuízo estável ou crescente	Em equilíbrio e crescente
5. Equipe	• Fundadores	• Fundadores e nova equipe	Organização em construção
6. Risco	• Elevado: dúvidas e incertezas	• Grau de Risco em declínio	Risco do negócio em si

7. Capital	• Do empreendedor e família	• Investor Anjo e Venture Capital	Captação ajustada ao crescimento das receitas
8. Estratégia	• Transformar sonho em realidade	• Construção do produto	Crescimento ágil das receitas
9. Governança (Lean)	• Começa no primeiro dia da Startup: visa o alinhamento entre os sócios e conscientizar sobre a importância da administração do negócio	• Aconselhamento sobre as melhores práticas de gestão ajustadas às startups e geração de confiança junto aos investidores e mercado	Alinhamento de interesses entre os sócios e preparação da startup para o crescimento sustentável e aporte de novas fontes de capital

*Fonte: Elaborado pelo autor.

Figura 26: As fases de evolução de uma startup (exemplo).

I. A Startup Profit Hunter

A- Da Ideia ao Protótipo

Após a conclusão de seus cursos de pós-graduação três jovens: Pedro, Ricardo e Rodrigo decidiram criar uma startup. Os jovens eram formados em *Ciências da Computação, Administração de Empresas* e *Engenharia Elétrica*, respectivamente. Eles decidiram batizar a startup com o nome de *Profit Hunter*.

Os fundadores, como não tinham experiência anterior como empresários, optaram por não criar cargos de forma tradicional nas empresas. O trabalho era distribuído em função do perfil profissional de cada um e das exigências do trabalho diário na startup.

A ideia original era a criação de um aplicativo para ajudar as empresas de médio porte e empresas familiares na gestão do desempenho, em tempo real. Após analisarem as principais alternativas existentes no mercado deram início ao seu projeto com a definição dos seguintes objetivos:

a) Objetivos da *Startup*:

> **O-1.** Traduzir a ideia em um protótipo em até 6 meses.
>
> **O-2.** Definir a tecnologia para a análise de dados (*data analytics*) em até 3 meses.
>
> **O-3.** Identificar as principais necessidades e dores dos clientes em até 3 meses.
>
> **O-4.** Captar o investimento inicial dos familiares e amigos em até 3 meses.

Esses **quatro objetivos** foram distribuídos entre os três sócios, pois a empresa nascente ainda não tinha funcionários, todo o trabalho era realizado por eles.

Resultados-Chave da *Startup*

Como uma empresa nascente, a *Profit Hunter* não tinha histórico de resultados sobre as receitas, custos, clientes, canais de distribuição, lucratividade e sobre o crescimento potencial. A determinação dos resultados iniciais da startup, foi uma atividade mais difícil do que os fundadores imaginaram. Depois de muita troca de ideias chegaram a um consenso sobre os resultados a serem entregues.

Objetivo 1

Objetivo estratégico 1: Traduzir a ideia em um protótipo em até 6 meses.

A definição dos resultados foi realizada em colegiado entre os sócios, tendo como coordenador o Pedro (Ciências da Computação).

Resultados-Chave

> **KR1.** Elaborar um convincente *elevator pitch* com duração de até 5 minutos.

KR2. Especificar três características do aplicativo que solucionem as dores do cliente-alvo.

KR3. Criar a versão inicial do Protótipo da *Profit Hunter* em até 6 meses, tomando como referência o Modelo de Negócio (Canvas).

KR4. Apresentar o conceito do produto para 50 clientes em potencial em até 60 dias.

Objetivo 2

Objetivo estratégico 2: Definir a tecnologia para a análise de dados (*data analytics*) em até 3 meses.

Responsável: Ricardo (Engenharia Elétrica).

Resultados-Chave

KR1. Escolher o *software* com a melhor linguagem para o desenvolvimento da *Profit Hunter* entre três alternativas: *JavaScript*, *HTML* (*CSS*) e *PHP*.

KR2. Incorporar a análise preditiva, a inteligência artificial e o *big data* na *Profit Hunter.*

Objetivo 3

Objetivo estratégico 3: Identificar as principais necessidades e dores dos clientes em até 3 meses.

Responsável: Rodrigo (Administração de Empresas e Marketing).

Resultados-Chave

KR1. Realizar pesquisa sobre as dores do cliente-alvo com 20 empresas.

KR2. Testar as três principais características do produto com 20 empresas.

KR3. Definir o preço-alvo do *Profit Hunter* em duas categorias: básico e *premium*.

KR4. Estimar o tamanho dos dois segmentos de mercados: empresas de porte médio e empresas familiares.

KR5. Elaborar a proposta de valor para os dois grupos de clientes: básico e *premium*.

Objetivo 4

Objetivo estratégico 4: Captar o investimento inicial com os familiares e amigos.

Responsável: Rodrigo (Administração de Eempresas e Marketing).

Resultados-Chave

KR 1. Captar R$150 mil em até 3 meses após o início dos trabalhos.

KR 2. Elaborar orçamento destinando 50% para o desenvolvimento do protótipo, 30% para salários e 20% para despesas gerais.

A representação gráfica dos **OKRs** da ***Profit Hunter*** (3.1) é mostrada na Figura 27.

Objetivos	Resultados-Chave
O-1: Traduzir a ideia em um protótipo em até 6 meses.	KR-1: Elaborar um convincente elevator pitch com a duração de até 5 minutos.
	KR-2: Especificar três características do aplicativo que solucionem as dores dos clientes-alvo.
	KR-3: Criar a versão inicial do Protótipo do Profit Hunter em até 6 meses, tomando como referência o Modelo de Negócio (Canvas).
	KR-4: Apresentar o conceito do produto para 50 clientes em potencial em até 60 dias.
O-2: Definir a tecnologia para a análise de dados (data analytics) em até 3 meses.	KR-1: Escolher o software com a melhor linguagem para o desenvolvimento do Profit Hunter, entre três alternativas: JavaScript, HTML (CSS) e PHP.
	KR-2: Incorporar a análise preditiva, a inteligência artificial e o big data no Profit Hunter.

O-3: Identificar as principais necessidades e dores dos clientes em até 3 meses.	KR-1: Realizar pesquisa sobre as dores dos consumidores-alvo, junto a 20 empresas.
	KR-2: Testar as três principais características do produto com 20 empresas.
	KR-3: Definir o preço-alvo do Profit Hunter em duas categorias: básico e premium.
	KR-4: Estimar o tamanho dos dois segmentos de mercados: empresas de porte médio e empresas familiares.
	KR-5: Elaborar a proposta de valor para os dois grupos de clientes básico e premium.
O-4: Captar o investimento inicial junto aos familiares e amigos.	KR-1: Captar R$150 mil em até 3 meses após início dos trabalhos.
	KR-2: Elaborar orçamento destinando 50% para o desenvolvimento do protótipo, 30% para salários e 20% para despesas gerais.

*Fonte: Elaborado pelo autor.

Figura 27: (Case 3.1) *OKR* da Startup Profit Hunter I — Da ideia ao Protótipo.

Note que nesta fase inicial da startup, não houve contratação de funcionários e os fundadores realizavam todo o trabalho e dividiam as responsabilidades de acordo com a formação técnica e a experiência profissional.

Os fundadores atuavam no formato de colegiado e tomaram consciência dos principais motivos do fechamento das startups, monitorando, em especial, os cinco principais riscos:

- O produto ou a solução não atende uma necessidade real de mercado.
- Pouco capital e má utilização dos recursos existentes.
- Equipe não diversificada, sem competências complementares.

- Modelo de Negócio ou Plano de Negócio superficial.
- Erro e dificuldade para a precificação dos produtos e serviços.

Os fundadores também foram alertados por um amigo, diretor de Incubadora de startups, sobre a importância do Acordo de Acionistas, ressaltando o porcentual de participação acionária de cada um dos sócios, os critérios de saída da sociedade e qual a política em relação a venda de participação dos sócios para investidores.

Em função dessas orientações a startup evoluiu para uma nova fase: a criação do Produto Mínimo Viável.

b) Do Protótipo ao Produto Mínimo Viável

Após seis meses de operação da startup, os testes iniciais com o primeiro grupo de consumidores demonstrou a consistência do conceito do produto. Com o feedback e as sugestões dos clientes entrevistados o *Protótipo* foi ajustado, evoluindo para o *Produto Mínimo Viável*.

É importante destacar que os fundadores não ficaram seduzidos pelo produto em si. Eles adotaram as melhores práticas dos especialistas em startups e desenvolveram simultaneamente o produto, com foco nas dores dos clientes, e o mercado entendendo quais eram os perfis dos clientes e como deveria ser segmentado.

As principais preocupações dos fundadores, nesta nova etapa, é como conseguir a escalabilidade do *Profit Hunter* e como captar novos investimentos para o crescimento das receitas da startup. Nesse sentido foram definidos os principais objetivos e resultados da nova etapa da empresa nascente.

Objetivos da *Startup*

1. Reduzir o *time to market* do produto, para que ele chegue até o consumidor em três meses.
2. Acelerar o crescimento das receitas em 30% mensalmente.
3. Ampliar equipe de colaboradores de acordo com o crescimento das receitas.

4. Realizar duas rodadas de captação de investimentos até o final de 2020.

Resultados-Chave da Startup

Na fase inicial, da *Ideia ao Protótipo*, os fundadores da *Profit Hunter* acumularam novas experiências e novos conhecimentos sobre o produto, sobre os clientes e sobre o mercado em potencial. As observações de alguns clientes *early adopters* (primeiros adotantes) foram essenciais para chegar até o produto mínimo viável e também definir o preço-custo do novo aplicativo. Agora, para o novo ciclo de operações, definiram os seguintes **Resultados-Chave**.

Objetivo 1

Objetivo estratégico 1: Reduzir o *time to market* do produto até chegar ao consumidor.

Responsável: Pedro (Ciências da Computação).

Resultados-Chave

KR1. Concluir o Produto Mínimo Viável em até 6 meses.

KR2. Definir o escopo do aplicativo em três áreas de atuação: gestão de custos, gestão de marketing e gestão de pessoas em até 6 meses.

KR3. Contratar um especialista em ciências da computação e programação, com visão de negócio em até 3 meses.

Objetivo 2

Objetivo estratégico 2: Acelerar, mensalmente, o crescimento das receitas.

Responsável: Pedro (Ciências da Computação).

Resultados-Chave

KR1. Apresentar o aplicativo para 50 novos clientes em potencial mensalmente.

KR2. Colocar na internet a *landing page* da *Profit Hunter* em até 60 dias.

KR3. Contratar um profissional de marketing e vendas com conhecimento de mercado corporativo em até 60 dias.

KR4. Desenvolver canais de distribuição físicos e digitais para a venda do aplicativo.

KR5. Avaliar mensalmente o grau de satisfação do aplicativo com 80 clientes.

Objetivo 3

Objetivo estratégico 3: Ampliar a equipe de colaboradores de acordo com o crescimento das receitas.

Responsável: Rodrigo (Administração de Empresas e Marketing).

Resultados-Chave

KR1. Contratar cinco colaboradores para atender ao crescimento das vendas em até 90 dias.

KR2. Criar uma Política de Recursos Humanos, visando o alinhamento das pessoas com o Propósito, a Visão, a Estratégia e os Princípios da empresa em até 60 dias.

KR3. Introduzir um Modelo de Remuneração baseado na meritocracia e no crescimento da empresa em até 90 dias.

Objetivo 4

Objetivo estratégico 4: Realizar novas rodadas de captação de investimentos.

Responsável: Rodrigo (Administração de Empresas e Marketing).

Resultados-Chave

KR1. Elaborar um Acordo entre os Sócios, definindo responsabilidade e participação acionária em até 60 dias.

KR2. Introduzir os princípios da Governança Empresarial mínima viável na empresa em até 60 dias.

KR3. Elaborar uma Estratégia de Crescimento para um período de três anos, baseado no Modelo de Negócio ajustado em até 60 dias.

KR4. Definir as necessidade de aporte de capital mensalmente até o final de 2020, de acordo com o crescimento das receitas em até 60 dias.

KR5. Selecionar três Fundos de Private Equity ou de Venture Ccapital, para coordenar as rodadas de investimentos em até 60 dias.

A representação gráfica dos **OKRs** da ***Profit Hunter*** (3.2) é mostrada na (Figura 26).

II. Do Protótipo ao Produto Mínimo Viável

Objetivos	Resultados-Chave
O-1: Reduzir o time-to-market do produto chegar até o consumidor em três meses.	KR-1: Concluir o Produto Mínimo Viável em até 6 meses.
	KR-2: Definir o escopo do aplicativo em três áreas de atuação: gestão de custos; gestão de marketing e gestão de pessoas em até 6 meses.
	KR-3: Contratar um especialista em ciências da computação e programação, com visão de negócio em até 3 meses.
O-2: Acelerar o crescimento das receitas mensalmente.	KR-1: Apresentar o aplicativo para 50 novos clientes em potencial mensalmente.
	KR-2: Colocar na Internet a landing page do Profit Hunter em até 60 dias.
	KR-3: Contratar um profissional de marketing e vendas com conhecimento do mercado corporativo em até 60 dias.
	KR-4: Desenvolver canais de distribuição físicos e digitais para a venda do aplicativo.
	KR-5: Avaliar mensalmente o grau de satisfação do aplicativo com 80 clientes.

O-3: Ampliar equipe de colaboradores de acordo com o crescimento das receitas.	KR-1: Contratar 5 colaboradores para atender ao crescimento das vendas em até 90 dias.
	KR-2: Criar Política de Recursos Humanos visando o alinhamento das pessoas com o Propósito, a Visão, a Estratégia e os Princípios da empresa em até 60 dias.
	KR-3: 3: Introduzir Modelo de Remuneração baseado na meritocracia e no crescimento da empresa em até 90 dias.
O-4: Realizar novas rodadas de captação de investimentos.	KR-1: Elaborar Acordo entre os Sócios definindo responsabilidade e participação acionária em até 60 dias.
	KR-2: Introduzir os princípios da Governança Empresarial mínima viável na empresa em até 60 dias.
	KR-3: Elaborar Estratégia de Crescimento, para o período de três anos, baseado no Modelo de Negócio ajustado em até 60 dias.
	KR-4: Definir as necessidade de aporte de capital para o período de um ano, de acordo com o crescimento das receitas em até 60 dias.
	KR-5: Selecionar três Fundos de Private Equity ou de Venture Capital para coordenar as rodadas de investimentos em até 60 dias.

*Fonte: Elaborado pelo autor.

Figura 28: (Case 3.2) *OKR* da Startup **Profit Hunter.**

Um ponto a ser destacado na evolução da *Profit Hunter* é que não foi preciso pivotar o conceito original do negócio. Eles chegaram ao *Produto Mínimo Viável*, efetuando os ajustes sugeridos pelos clientes, deixando a startup em condições de escalar a venda de produtos e o crescimento lucrativo.

Após 18 meses em atividade, a *Profit Hunter* conseguiu atravessar o *vale da morte*. Os lucros começaram a aparecer, a equipe de profissionais chegava a 19 pessoas e as receitas atingiram R$5 milhões. A empresa estava preparada para dar um novo salto competitivo e realizar novas rodadas de captação de investimentos, combinando recursos de Fundos de Venture Capital e Fundos de Private Equity.

Capítulo 5

OKRs e BSC, a Dupla Dinâmica da Estratégia

"A nova sessão da SLRP — Strategy and Long Range Planning em nível corporativo, se tornou o alicerce do planejamento estratégico da empresa Intel.

Os gerentes de negócio criavam estratégias e táticas para suas unidades individuais, que impeliam os objetivos corporativos adiante. Cada grupo desenvolvia planos para suas linhas de produtos com base em objetivos estratégicos corporativos e os apresentavam a Grove e outros membros da equipe executiva.

O bom planejamento estratégico exige diferentes pontos de vista, e os esclarecimentos desses diferentes pontos de vista exigem um debate intenso e contínuo, envolvendo a equipe executiva e especialistas no assunto, de dentro e de fora da companhia."

(David Yoffie & Michael Cusumano)

> *"Um scorecard é fundamentalmente um sistema de controle, ao passo que o maior propósito da estratégia é o comando, isto é, estabelecer uma direção. A menos que o 'o que' e o 'porquê' fiquem claros, a fetichização dos indicadores é quase certa. As métricas proporcionam um meio de aumentar a precisão do pensamento estratégico, um conjunto de marcos e uma maneira de identificar o destino. Elas nos ajudam a navegar."*
>
> (Stephen Bungay)

14. O QUE É MELHOR PARA A EMPRESA: *OKRS* OU *BSC?*

Frequentemente, os empresários, os diretores executivos, os gestores e as pessoas interessadas na gestão empresarial indagam:

- Qual é a melhor metodologia de gestão para implementar em minha empresa?
- Devo introduzir uma abordagem da moda em minha organização?
- Estamos no caminho certo para o crescimento sustentável do negócio?

Como a administração de empresas não é uma ciência exata e nem existe, conforme mencionado, um *Prêmio Nobel de Gestão*, a resposta depende da cultura da organização, do setor de atuação da empresa, da intensidade tecnológica, das características do mercado, da visão e dos valores das pessoas envolvidas, entre outros fatores.

Há também mais um ponto a ser considerado: a necessidade de mensurar os resultados dos negócios por meio de indicadores de desempenho. Stephen Bungay, coloca muito bem a questão ao afirmar, "se quisermos saber se estamos ou não caminhando para a realização de uma estratégia, precisamos de um sistema de controle estratégico: indicadores financeiros e não financeiros que nos informem quais são os efeitos das nossas ações e se estamos ou não no caminho certo".

Porém nesse contexto há diferentes opções e recomendações. Cada um dos *gurus* de negócios defende e vende ao mercado sua própria metodologia — muitas vezes não considerando, ou valorizando as contribuições de outros especialistas, que podem vê-los como concorrentes.

O mesmo acontece quando consideramos e queremos comparar, por exemplo, os **OKRs** com o **Balanced Scorecard**. Chama a atenção, o fato dos principais especialistas e divulgadores da abordagem dos **OKRs**, raramente mencionarem o **Balanced Scorecard**.

Com o intuito de fazer uma provocação para a reflexão, uma vez que não há uma resposta definitiva sobre as diferentes metodologias de gestão, realizamos um quadro onde são apresentadas as principais diferenças entre as abordagens dos **OKRs** e do **BSC**. Elas têm a finalidade de apoiar os gestores na tomada de decisão sobre o que é melhor para suas empresas.

Dado o sucesso da adoção dos **OKRs**, principalmente pelas empresas nascentes de tecnologia, fica evidente sua importância para as startups. Por outro lado, as empresas maduras de médio e grande porte que estão reinventando seu negócio, introduzindo novas tecnologias e lançando novos produtos também podem se beneficiar com a metodologia ágil dos **OKRs**.

Mais importante ainda, como vimos chamando a atenção e repetindo, os fundamentos clássicos de gestão empresarial precisam estar presentes, principalmente numa abordagem ágil e renovada como a dos **OKRs**. Nestas condições, é plausível afirmar que as organizações podem se beneficiar combinando os pontos fortes, tanto dos **OKRs** como do **BSC** (Figura 29).

Variável	Balanced Scorecard	OKRs – Objetives and Key Results
Metodologia	Clássica e Consagrada	Emergente (redescoberto)
Complexidade	Exige Domínio de Metodologia	Aparentemente Simples
Estratégia	Essencial – Sistema de Gestão Estratégica	Como pano de fundo

Tomada de Decisão	Preferencialmente Top-Down	Top-Down e Bottom-Up
Análise de Cenário	Sociedade, Negócios e Interno	Preferencialmente Interno
Visualização da Estratégia	Mapa Estratégico	Quadro de Objetivos e Resultados-Chave
Timing e Cadência dos Resultados	Anual refletindo horizonte de 3 a 5 anos	Anual, monitorado trimestralmente
Relação de Causa e Efeito entre Objetivos	Critério para a definição dos Objetivos	Inexistente
Desdobramento dos Objetivos	Efeito Cascata	Inexistente, Objetivos definidos por Área
Comunicação	Alta Direção compartilha o Plano	Compartilhada nos Departamentos e Equipes
Monitoramento Teste de Hipóteses	RGEs — Reuniões de Gestão Estratégica Gradativa	Reuniões de Check-In semanal e mensal Ágil
Grau de Integração	Holístico	Risco do surgimento de Silos

* Fonte: Elaborado pelo autor.

Figura 29: Principais diferenças entre o *Balanced Scorecard* e os *OKRs*.

Provavelmente, o maior ponto de contato entre a metodologia do **BSC** e a abordagem dos **OKRs**, seja o fato de serem inspiradas no propósito, na estratégia empresarial e no foco da execução da estratégia. Numa palavra, as duas metodologias têm como finalidade a criação de uma cultura organizacional, orientada para a estratégia e alto desempenho. Veja a seguir, uma síntese dos princípios da organização orientada para a estratégia.

15. OS PRINCÍPIOS DA ORGANIZAÇÃO ORIENTADA PARA A ESTRATÉGIA

Com a finalidade de facilitar e acelerar a introdução do Balanced Scorecard nas empresas, Kaplan e Norton tiveram o cuidado de propor alguns princípios para sua implementação. Os princípios sugeridos por eles podem funcionar como um guia de implementação da metodologia e a motivação dos autores para a formulação dos princípios era evitar a proliferação de abordagens, que, em vez de facilitar, poderiam confundir as pessoas em relação à nova metodologia de gestão estratégica.

Vale mencionar, que apesar da abordagem do **BSC** ter se consagrado e se tornado clássica, podemos dizer que hoje em dia, ainda é surpreendente o número de pessoas que utilizam a metodologia de forma equivocada. O mesmo risco pode ocorrer com a adoção dos **OKRs**. Assim sendo, vamos rever quais são esses princípios e, ao mesmo tempo, sugerir de forma similar, o que seriam esses princípios adaptados, com a devida vênia para os **OKRs**.

Como mencionamos, em contraste com as principais metodologias de gestão empresarial, como, por exemplo, a *Total Quality Management*, a *Estratégia Competitiva*, a *Inovação de Valor*, as *Core Competences*, o *Design Thinking* e até mesmo a *Lean Startup*, a abordagem dos **OKRs** ainda não possuem uma metodologia considerada como referência.

Temos sim, alguns bons livros publicados sobre o tema, o exemplo da Google, de grandes corporações, de inúmeras empresas de tecnologia e sugestões de empresas de software, para facilitar o uso de sua solução.

Neste sentido, as práticas dos **OKRs** podem ser consideradas como uma nova área do conhecimento em construção. Para avançar nos debates e oferecer uma contribuição sobre o tema, vamos usar como *proxy* a abordagem do *Balanced Scorecard*, considerada pela *Harvard Business Review* como uma das principais práticas de gestão dos últimos anos.

No livro *Strategy-Focused Organization* (*Organização Orientada para a Estratégia*, em tradução livre), Robert Kaplan e David Norton desenvolveram os cinco princípios de gestão para uma empresa, tornar-se uma organização com foco na estratégia (Figura 30).

```
                    1-Traduzir a Estratégia
                    em Termos Operacionais

                    Propósito Transformador
5-Mobilizar a Mudança   Estratégia Empresarial   2-Alinhar a Organização
por meio da Liderança                              à Estratégia
                    Balanced Scorecard

   4-Converter a Estratégia      3-Transformar a
     em Processo Contínuo       Estratégia em Tarefa de
                                       Todos
```

* Fonte: Adaptado pelo autor de Robert Kaplan e David Norton: Organização Orientada para a Estratégia

Figura 30: Os Princípios da Organização Orientados para a Estratégia.

Em especial, está documentado que a implementação bem-sucedida da estratégia contribui para a conquista de *resultados notáveis na empresa*, realizada pela combinação entre: *a descrição da estratégia, a mensuração da estratégia* e a *gestão da estratégia*.

Eles reportaram o aprendizado da seguinte forma: "o BSC criara as condições para que alinhassem todos os recursos organizacionais, equipes executivas, unidades de negócios, áreas de apoio, tecnologia da informação e recrutamento e treinamento de empregados, para que focassem intensamente na implementação da estratégia".

O histórico de sucesso da implementação do **BSC** nas empresas e grandes corporações apresenta, com os devidos ajustes (*mutatis mutandis*), o mesmo relato histórico do sucesso da implementação das **OKRs** nas startups e depois, nas empresas e grandes corporações.

Nesse sentido, vamos propor a elaboração dos princípios da organização orientada pela estratégia para a abordagem dos **OKRs**. Assim, teremos os princípios do BSC e, também, em comparação, os princípios dos **OKRs**. Veja a seguir (Figura 31), *os cinco princípios de gestão para tornar-se uma organização orientada para a estratégia*.

Princípios da Organização Orientada para a Estratégia: BSC versus OKRs	
Balanced Scorecard	OKRs Objetivos e Resultados-Chave
1º Traduzir a estratégia em termos operacionais.	A. Traduzir o Propósito Transformador e a Estratégia em Objetivos e Resultados.
2º Alinhar a organização à estratégia.	B. Alinhar a organização em torno dos Objetivos e Resultados-Chave.
3º Transformar a estratégia em tarefas de todos.	C. Tornar os Objetivos e Resultados como responsabilidade de todos na organização.
4º Converter a estratégia em processo contínuo.	D. Converter os Objetivos em ações imediatas, moduladas em trimestres.
5º Mobilizar a mudança por meio da liderança executiva.	E. Mobilizar a mudança de forma ágil no sentido Top-Down, Bottom-Up e horizontalmente.

*Fonte: Elaborado pelo autor.

Figura 31: Os Princípios da Organização Orientados para a Estratégia: *BSC* x *OKRs*.

A. Princípios de Gestão do *Balanced Scorecard*

Princípio 1: Traduzir a estratégia em termos operacionais

Os principais desafios são os seguintes:

- Realizar a iniciativa do *Balanced Scorecard*, tendo como patrocinador um executivo da alta administração que desempenhará o papel de líder do processo.

- Motivar e dar autonomia aos integrantes da equipe responsável pela implementação do *Balanced Scorecard*, para que atuem como líderes do processo estimulando, orientando e educando os colaboradores da organização.

- Mobilizar a equipe de colaboradores para que adquiram senso de propriedade do processo de *Balanced Scorecard*.

- Implementar modelo de governança corporativa inspirado no *Balanced Scorecard*, entendido como um sistema de gestão estratégica.

Princípio 2: Alinhar a organização à estratégia

Neste princípio, os principais desafios são os seguintes:

- Integrar as estratégias das unidades de negócios, das áreas funcionais e dos indivíduos à estratégia organizacional ou corporativa.
- Promover a sinergia de recursos, conhecimentos e competências entre as diferentes áreas da organização.
- Utilizar os temas e prioridades estratégicas como instrumentos de gestão e comunicação, substituindo os tradicionais relatórios financeiros.

Princípio 3: Transformar a estratégia em uma tarefa para todos.

Os principais desafios são os seguintes:

- Difundir a estratégia da sala da diretoria para as equipes operacionais, através da combinação de diferentes canais de comunicação.
- Educar toda a equipe de colabores da organização sobre os conceitos de negócios e estratégia competitiva da empresa.
- Definir *scorecards* individuais, a partir dos *scorecards* organizacionais.
- Vincular o sistema de remuneração e recompensas ao atingimento dos *scorecards* individuais e organizacionais.

Princípio 4: Converter a estratégia em processo contínuo

Os principais desafios são os seguintes:

- Elaborar o orçamento a partir dos objetivos e iniciativas estratégicas.
- Avaliar periodicamente (mensalmente ou trimestralmente) nos times gerenciais e operacionais, a consistência na estratégia competitiva.
- Criar uma cultura organizacional que estimule o aprendizado estratégico em todos os níveis da empresa.

- Criar sistemas de informação e análise que possibilitem ao usuário criar relatórios gerenciais para a avaliação da performance.

Princípio 5: Mobilizar a mudança por meio da liderança executiva

Os principais desafios são os seguintes:

- Descrever a estratégia utilizando como instrumento de comunicação os mapas estratégicos.

- Identificar e explicitar as relações de causa e efeito entre os objetivos estratégicos selecionados para as perspectivas de valor, mostrando como os ativos intangíveis se transformam em resultados financeiros.

- Desenhar o *scorecard* de indicadores não financeiros que possibilitem a descrição e mensuração do processo de criação de valor da empresa.

Analisando esses princípios é possível afirmar que eles são atuais, e muito úteis para a equipe de pessoas com a responsabilidade do processo da estratégia empresarial. Igualmente, consideramos importante propor os princípios para as organizações que introduziram ou introduzirão os **OKRs**.

B. Os princípios de gestão dos OKRs

Com a finalidade de estimular a troca de ideias, a geração de novos conhecimentos e o aprendizado contínuo, veja a seguir os princípios que propomos para uma empresa ser orientada pelos **OKRs**.

Princípio 1: Traduzir o propósito transformador em OKRs.

- Definir o que a organização pretende realizar no próximo ano, com uma cadência mensal e trimestral, tendo como referência uma visão estratégica de longo prazo.

- Identificar os Objetivos e os Resultados-Chave respondendo às questões: O que fazer? Como fazer? Quando fazer?

- Selecionar entre 3 a 5 objetivos e entre 3 a 4 resultados-chave.

Princípio 2: Alinhar a organização em torno dos Objetivos e Resultados-Chave

- Identificar os Objetivos da Organização e das Áreas Funcionais.
- Criar os **OKRs** no sentido Top-Down, Bottom-Up e horizontalmente.
- Não promover o desdobramento ou efeito cascata, dos **OKRs** da organização.

Princípio 3: Transformar os objetivos em ações por toda a organização

- Engajar os times de trabalho na definição dos **OKRs** e sua implementação ágil.
- Comunicar e dar visibilidade aos **OKRs** dos diretores, gestores e colaboradores.
- Determinar as iniciativas da organização vinculadas aos **OKRs**.
- Definir a política e o sistema de remuneração e recompensas da organização.

Princípio 4: Transformar os Objetivos em ações imediatas, moduladas em trimestres

- Elaborar o orçamento para os **OKRs** da organização e dos times de trabalho.
- Realizar o check-in trimestral dos **OKRs**, dentro do prazo de um ano.
- Disponibilizar sistema de informações para monitorar a evolução dos **OKRs**.
- Criar cultura que estimule a agilidade das ações, o teste das hipóteses e o rápido aprendizado organizacional.

Princípio 5: Realizar a mudança no sentido Top-Down, Bottom-Up e horizontalmente

- Implementar os **OKRs** tendo como patrocinador um executivo da alta direção.

- Engajar os integrantes dos times da organização e os indivíduos no processo dos *OKRs*.
- Capacitar os profissionais-chave sobre a metodologia dos *OKRs*.
- Desenvolver os *OKRs* de acordo com as melhores práticas de governança corporativa.

Analisando os princípios assinalados, consideramos importante ressaltar um ponto essencial das duas abordagens: tanto o *BSC* como os *OKRs* não se limitam à definição de um conjunto de métricas e *KPIs*. Elas não têm um foco restrito na *gestão de desempenho,* mas apresentam um foco mais amplo e orientado para a *gestão empresarial* em si.

Os *OKRs* têm um potencial que não pode ser limitado por uma visão equivocada da abordagem, como nos tem alertado Felipe Castro: "Existe uma visão romântica generalizada dos *OKRs*, onde as coisas acontecem magicamente. E onde o objetivo principal dos *OKRs* não é agregar valor, mas ser mais Googley, independentemente do impacto que estamos causando."

Felipe Castro também destaca o que ele considera como os principais riscos de algumas abordagens dos *OKRs*: a baixa qualidade dos objetivos e dos resultados almejados, uma lista de objetivos funcionais, refletindo os silos organizacionais e não da empresa e a ausência de monitoramento dos indicadores selecionados.

Uma das formas de entender as diferenças existentes entre as abordagens dos *OKRs* e do *BSC*, é considerar o ponto de partida dos trabalhos.

Ponto de partida do BSC

O *BSC* começa com as seguintes perguntas: Qual é o P*ropósito Transformador*? Qual é a *Estratégia*? Como traduzir a estratégia em termos operacionais? A partir da resposta a essas perguntas, os objetivos, os indicadores de desempenho e os resultados são definidos.

Ponto de partida dos OKRs

Por outro lado, as abordagens convencionais dos *OKRs* começam com as seguintes perguntas: Quais são os *Objetivos*? Quais são os *Resultados-Chave*?

A partir daí, são envolvidos os times de trabalho e as pessoas no processo de implementação. Porém, com a finalidade de avançar na exploração de ideias vamos promover uma série de comparações entre os **OKRs** e o **BSC,** a partir dos pontos de paridade e os *pontos de diferenciação* existente entre eles.

16. OS PONTOS DE PARIDADE E DE DIFERENCIAÇÃO ENTRE O *BSC* E OS *OKRS*

Ao realizar uma breve comparação entre as duas metodologias, precisamos ressaltar a necessidade de considerar como pano de fundo as emergentes técnicas de gestão de negócios, que estão impulsionando as empresas dos mais diferentes perfis e setores de atividade: a abordagem *agile*, o pensamento *lean*, as inovações *disruptivas* e a *transformação digital* dos negócios.

A. Pontos de paridade entre o BSC e os OKRs

Os principais **pontos de paridad**e entre as duas abordagens que gostaríamos de destacar, de acordo com nossa visão, são os seguintes:

- Tanto os **OKRs** como o **BSC** definem objetivos com a finalidade de propiciar um desempenho superior de uma empresa, seja medido pelo *Retorno sobre o Investimento*, ou melhor ainda, pelo *Valor Econômico Criado*.

- As duas abordagens colocam o cliente no centro do negócio e elaboram uma consistente proposta de valor para eles.

- As duas abordagens enfatizam que a responsabilidade de promover o crescimento sustentável da empresa não é uma responsabilidade somente da alta direção, mas também de toda a equipe de colaboradores.

- As duas abordagem visam alinhar a organização em torno de objetivos estratégicos, eliminando os prevalecentes silos organizacionais, verdadeiros feudos administrativos e focalizar a organização de uma forma holística.

- As duas abordagens estimulam o teste das hipóteses, os ajustes de rumo e o aprendizado contínuo em toda a organização. Lembrando, que Kaplan e Norton recomendam que a estratégia precisa ser validada por meio de testes e experimentação.

Por outro lado, os principais pontos de diferenciação do **Balanced Scorecard** em relação aos **OKRs** são:

B. Pontos de diferenciação entre o BSC e os OKRs

Os OKRs em relação ao BSC

De um lado, os principais **pontos de diferenciação** dos **OKRs,** quando comparados ao Balanced Scorecard são os seguintes:

- A objetividade dos **OKRs** e não a simplicidade, a metodologia enxuta com poucas regras, porém, exigindo disciplina e uma cuidadosa aplicação.

- O rápido processo de implementação, com a definição de metas em curto prazo (mensais e trimestrais) de forma progressiva, visando a entrega de resultados do próximo ano sem perder a perspectiva do longo prazo.

- O envolvimento da organização, dos departamentos, das equipes e dos empregados, desde o início dos trabalhos, o que favorece o engajamento.

- Não existe a tradicional separação entre a *Formulação* e a *Execução da Estratégia*. A implementação ativa do processo ocorre em curto prazo e pelos profissionais que têm o poder de decisão, porque participaram de sua criação.

- A rápida verificação se o trabalho do dia a dia está vinculado aos resultados em curto prazo a serem entregues, assim, é evitada a perda do foco nos trabalhos.

- O foco nas prioridades do negócio, retratado em poucos objetivos estratégicos (entre três a cinco metas organizacionais), compartilhados por toda a organização de forma transparente.

Em nosso entendimento, uma das maiores contribuições da abordagem dos **OKRs** é que eles contribuem para superar um dos problemas mais críticos da tradicional implementação da estratégia: a separação, o abismo existente entre as demandas de tempo e de trabalho da estratégia, refletido em novos projetos e iniciativas e o trabalho diário das pessoas. Na filosofia dos **OKRs**, os objetivos e os resultados-chave se transformam no trabalho do dia a dia das pessoas.

O BSC em relação aos OKRs

- O **BSC** é uma metodologia suportada por fundamentos de estratégia empresarial, com histórico de sucesso nas maiores organizações de diferentes regiões do mundo.
- É uma abordagem orientada para a *Execução da Estratégia*, considerada um dos principais desafios dos *CEOs*, diretores executivos e gestores de empresas de todo o mundo.
- A visualização da estratégia empresarial, por meio do *Mapa Estratégico*, retratando o processo de criação de valor do negócio para os Acionistas, Clientes, Mercado, Fornecedores e Capital Humano da organização. Em contraste, os **OKRs** descrevem como definir um Objetivo e os Resultados-Chave.
- A relação de causa e efeito entre os Objetivos Estratégicos possibilitando o foco, o alinhamento das iniciativas em torno de uma abordagem holística do negócio.
- O sistema de reconhecimento e de remuneração são tratados de forma diferente: enquanto o **BSC** recomenda que os prêmios e bônus estejam vinculados ao atingimento dos objetivos estratégicos, os **OKRs** recomendam fortemente, uma separação entre o reconhecimento pelos resultados alcançados (depende de motivação intrínseca) e o pagamento de um valor variável (motivação extrínseca).

- A combinação entre *indicadores quantitativos*, associados ao capital físico e *indicadores qualitativos*, que refletem o capital intelectual e o capital humano da organização.

Então, a pergunta original a ser respondida continua sendo: Qual é a melhor metodologia de **Gestão** para a minha empresa? Os **OKRs** ou o **Balanced Scorecard**?

17. A COMBINAÇÃO ENTRE OKRS E O BSC

A resposta para a pergunta acima, não pode ser respondida com a facilidade que aparenta ter. A metodologia dos **OKRs** ainda está no estágio de desenvolvimento, como mostra sua crescente aplicação e adaptação, não só nas empresas de tecnologia e startups, mas, também, nas empresas mais maduras e corporações.

Se por um lado, o **BSC** é uma abordagem clássica de gestão estratégica amplamente utilizada, por outro lado, ele pode se beneficiar do apelo à ação, do foco nos objetivos prioritários, no rápido engajamento das pessoas e da consecução de resultados em curto prazo.

Uma boa alternativa é o famoso caminho do meio. Alguns especialistas em gestão empresarial, estão propondo uma solução que talvez valha a pena considerar: **a combinação e a integração do melhor das duas metodologias.** Mais especificamente, recomendamos a utilização do **BSC** para a visualização e a narrativa da *Estratégia Empresarial*, por meio do *Mapa Estratégico*, combinado com a definição dos **OKRs** da organização, das áreas funcionais, dos times de trabalho e dos empregados.

Um fator crítico de sucesso da integração, é mostrar como o trabalho diário, os objetivos trimestrais (vinculados aos resultados anuais) e o trabalho em equipe estão integrados à Estratégia Empresarial e à criação de valor e de riqueza. Visando facilitar a tomada de decisão e promover uma pragmática integração entre os **OKRs** e o **BSC,** vamos sugerir uma abordagem (*não ortodoxa*) segmentando as empresas em dois grandes grupos:

- O *primeiro*, formado por Empresas em Operação, com marca e produtos conhecidos pelo mercado como — Corporações, Empresas de Médio e Grande porte e Empresas Familiares.

- O *segundo*, composto pelas startups e Empresas Nascentes que estão à procura de sua viabilidade e crescimento exponencial.

OKRs + BSC → Empresas & Corporações

A combinação entre OKRs e BSC aplicadas às empresas e corporações

A partir do *Propósito Transformador* da *Missão*, da *Visão* e das *Diretrizes Empresariais*, criar o Mapa Estratégico (versão **Lean Strategic Map** explicada adiante) e construir os **OKRs**.

Passo 1: Definição dos temas estratégicos, do foco e das prioridades do negócio.

Passo 2: Desenhar o *Mapa Estratégico* que será construído de forma pragmática, *sem a realização da relação de causa e efeito entre as perspectivas*, o que é considerado como uma das maiores dificuldades da metodologia do **BSC**.

Passo 3: Definir os **OKRs** por perspectiva de valor: Acionistas (Financeira), Clientes e Mercado, Processos de Negócio e Capital Humano. Limitar em cinco, o número de **OKRs**.

Passo 4: Determinar os Resultados-Chave (*KRs*) que demonstram se os objetivos foram alcançados.

Passo 5: Determinar as iniciativas Organizacionais e os Projetos Estratégicos que precisam ser realizados para o cumprimento dos **OKRs**.

Passo 6: Elaborar o orçamento estratégico associado aos **OKRs**.

Passo 7: Iniciar a implementação com o *kick-off* dos **OKRs**.

Passo 8: Avaliar e monitorar mensalmente ou trimestralmente, a evolução das metas intermediárias vinculadas ao resultado do ano.

Acreditamos que o uso integrado dos **OKRS** e do **BSC** possibilita aproveitar o melhor das duas abordagens: os fundamentos de gestão estratégica do **BSC**, em especial, a estrutura do *Mapa Estratégico* que pode funcionar como um ponto de partida, com a praticidade e agilidade dos **OKRs**, porque não há a necessidade de complexas análises (muitas delas desnecessárias), o engajamento dos times e das pessoas desde o início dos trabalhos e a velocidade da implementação, monitorada por meio de Check-ins mensais e trimestrais, visando a realização de ajustes se for o caso.

Veja na Figura 32, para efeitos didáticos, uma sugestão de visualização que desenvolvemos para a abordagem, selecionando um objetivo por perspectiva:

Perspectiva	Objetivos Estratégicos da Organização*	Resultados-Chave
Acionista (Financeira)	F-1: Elevar a Lucratividade para 13% no mínimo.	KR-1 Reduzir os Custos Fixos em 10% ao final de 2020.
		KR-2 Aumentar a Receita de Novos Produtos em 20% até 2021.
		KR-3 Elevar o Ebitda de 25% para 35% ao final de 2021.
Cliente e Mercado	C-1: Elevar a Rentabilidade dos Clientes, continuadamente.	KR-4 Assegurar Margem Líquida Mínima de 15% no Mix de Produtos até 2021.
		KR-5 Excluir do Portfólio os Produtos com Lucratividade abaixo de 8% até o final de 2020.
		KR-6 Manter Nota 9 no Net Promoter Score.
Processos de Negócio	P-1 Reduzir os Custos de Produção de forma contínua.	KR-7 Reduzir o Ciclo de Produção em 20% até 2021.
		KR-8 Elevar Produtividade em 8% ao ano.
		KR-9 Elevar o Giro dos Estoques em 10% ao final de 2020.

Capital Humano	CH-1 Promover Cultura de Alta Performance.	KR-10 Criar Scorecard Individual para 100% dos empregados até o final de 2020.
		KR-11 Capacitar 100% dos Profissionais-chave nas Competências Críticas do Negócio até o final de 2021.
		KR-12 Premiar todos os Profissionais que apresentam Alta Performance a partir de 2020.

* Fonte: Elaborado pelo autor.

Figura 32: I. *OKRs*: Empresas em operação (Mapa estratégico).

OKRs + BSC → Startups

Os *OKRs* e o *BSC* aplicados às startups e empresas nascentes

A partir do propósito transformador, da visão dos fundadores, dos problemas dos clientes, das hipóteses sobre o produto, do mercado, da tecnologia e do modelo de negócio canvas (em desenvolvimento), construir os **OKRs** de acordo com as atividades especificadas do **Mapa Estratégico (Lean Strategic Lean)** na figura 33.

Perspectiva	Objetivos Estratégicos da Startup*	Resultados-Chave
Fundadores (Financeira)	F-1 Disponibilizar o Capital necessário para a Criação do Produto Mínimo Viável.	KR-1 Assegurar 20% do Capital junto aos Fundadores, Familiares e Amigos.
		KR-2 Captar 30% do Capital junto a Investidor Anjo.
		KR-3 Captar 50% do Capital junto a Venture Capital.

Desenvolvimento de Clientes e do Mercado	C-1 Traduzir o Protótipo em Produto Mínimo Viável em 6 meses.	KR-4 Testar o Protótipo junto a um grupo de 20 Adotantes iniciais em até 90 dias.
		KR-5 Ajustar o Protótipo em função do Feedback dos Clientes em Potencial em até 30 dias.
		KR-6 Lançar o Produto Mínimo Viável em até 6 meses após a primeira versão do Protótipo.
Processos de Negócio	P-1 Estruturar e Ajustar o Modelo de Negócio para a Escalabilidade das Operações.	KR-7 Assegurar o entendimento das dores do Cliente pela Equipe em até 90 dias, para a criação do aplicativo.
		KR-8 Criar o Modelo de Negócio Canvas de forma interativa e ajustada aos feedbacks dos Clientes.
		KR-9 Desenvolver aplicativo para a escalabilidade junto ao mercado potencial.
Equipe da Startup	CH-1 Formar Equipes de Desenvolvimento de Produto e Desenvolvimento de Mercado.	KR-10 Formar equipe de desenvolvimento capacitada para a entrega do Produto Mínimo Viável.
		KR-11 Destinar 10% do Capital Social para a Equipe.
		KR-12 Dominar Competências para contratação de pessoal para ampliar a equipe da startup.

* Fonte: Elaborado pelo autor.

Figura 33: II. *OKRs* de Startups e Empresas Nascentes (Mapa Estratégico).

Veja a seguir, uma sugestão de framework para o desenvolvimento da metodologia:

Passo 1: Definir os objetivos da Startup (entre três a cinco metas).

Passo 2: Determinar os Resultados-Chave no horizonte de um ano, mensalmente e trimestralmente. Selecionar entre três a cinco resultados por objetivo.

Passo 3: Determinar o Orçamento Estratégico associado aos **OKRs**, que financiará e viabilizar os objetivos.

Passo 4: Iniciar a implementação, o *kick-off*, dos **OKRs**.

Passo 5: Avaliar e monitorar a evolução das metas mensalmente e trimestralmente, fornecendo feedback para os líderes das equipes de trabalho.

Passo 6: Validar ou revisar as hipóteses associadas aos **OKRs**.

É preciso esclarecer que o *Mapa Estratégico* sugerido tem por finalidade, facilitar a utilização conjunta dos **OKRs** e do **BSC** para proporcionar maior rapidez dos trabalhos e o menor tempo possível do processo estratégico. É uma metodologia em construção, onde novas contribuições serão incorporadas.

Vale também mencionar, que não é recomendado o desdobramento dos **OKRs** da organização para as Áreas Funcionais, para os Times de Trabalho e para os Indivíduos. Cada um dos envolvidos precisam definir, com autonomia, os **OKRs** que melhor contribuem para o atingimento das metas e dos resultados anuais da organização.

18. O MAPA ESTRATÉGICO E O LEAN STRATEGIC MAP

Para facilitar a utilização conjunta entre o **BSC** e os **OKRs** vamos propor um novo conceito: o **Lean Strategic Map**. Ele é uma simplificação do mapa estratégico original, visando sua adoção na implementação dos **OKRs**. O *Lean Strategic Map* utiliza as perspectivas do **BSC**: Financeira (Acionista), Cliente, Processos Internos e Aprendizagem e Crescimento (Capital Humano) porém não é rígido nas relações de causa e efeito entre as perspectivas.

As perspectivas originais do *BSC* são uma boa referência para as Equipes dos **OKRs** definirem os **Objetivos** e, em seguida, os **Resultados-Chave**. Uma pergunta recorrente das pessoas, que implementarão os **OKRs** é: por onde devemos começar? Nossa sugestão é: pelas perspectivas do **BSC**.

Dessa forma, na elaboração do **Mapa Estratégico (*Lean Strategic Map*)** procuramos criar um *framework* para facilitar a determinação dos objetivos e dos **Resultados-Chave** da organização, baseados em nossa experiência com a metodologia do **Balanced Scorecard**. Para não deixar nenhuma lacuna, vamos apresentar rapidamente o processo de criação do *Mapa Estratégico* de acordo com as melhores práticas do **BSC**.

Segundo Robert Kaplan e David Norton, os criadores da metodologia, em 1992: "O *Balanced Scorecard* traduz a missão e a estratégia das empresas num conjunto abrangente de medidas de desempenho, que servem de base para um sistema de medição e gestão estratégica."

O ponto a ser destacado é que, o BSC fornece u*m novo referencial estratégico* para estabelecer a conexão entre os ativos físicos e os *ativos intangíveis* no processo de criação de valor.

Este conceito é importante, principalmente na era da Revolução Industrial 4.0, das Tecnologias Digitais e das Redes Sociais, onde uma organização para ter sucesso não precisa de ativos próprios, mas, sim, ter acesso a ativos existentes nos ecossistemas em que atua, ou ainda, participar de uma plataforma de negócio.

A finalidade do Balanced Scorecard, de acordo com Kaplan e Norton: "É ser a principal metodologia para a implementação da estratégia competitiva." Ele não foi criado para a formulação da estratégia. Porém, o BSC promove um *continuum* entre a formulação, a execução, o monitoramento e o aprendizado estratégico. Tudo isso a serviço da criação superior de valor e de riqueza pela organização.

Se o *Balanced Scorecard* tem por finalidade a tradução e a comunicação em termos operacionais, o *Mapa Estratégico* dá um passo além, incluindo os principais *stakeholders* do processo de gestão estratégica.

O *Mapa Estratégico* é uma descrição da estratégia por meio da história, dos desafios e dos interesses dos seus principais atores: os acionistas, os clientes, os fornecedores, os líderes dos processos de negócios e os empregados que representam o capital humano das organizações.

O *Mapa Estratégico* é uma representação visual dos principais objetivos da empresa, retratando as relações de causa e efeito entre eles, explicando o que impulsiona o desempenho da organização. Em uma palavra, o *Mapa Estratégico* mostra o processo de criação de valor de um negócio.

Os objetivos estratégicos dos Acionistas (Perspectiva Financeira) somente serão realizados, se, antes, os Clientes estiverem satisfeitos com o relacionamento com a empresa. A experiência de compra dos clientes somente será satisfatória, se a proposta de valor for entregue por meio de um conjunto eficiente de processos de negócios.

O bom fluxo dos processos somente ocorrerá, se a Equipe de Colaboradores estiver motivada e capacitada nas competências necessárias para a entrega de valor aos clientes e demais *stakeholders*.

Veja a seguir, um exemplo do *Mapa Estratégico* para mostrar como ele exige uma relação de causa e efeito entre os *Objetivos Estratégicos*, atividade que não faz parte da abordagem dos **OKRs** (Figura 34).

Dada a experiência e os cases de sucesso do *Balanced Scorecard*, foi possível a elaboração de um elenco de exemplos de Objetivos Estratégicos em cada uma das perspectivas de valor. Vale notar, que os *Objetivos Estratégicos* são criados por meio do desdobramento dos objetivos, a partir da perspectiva financeira (dos Acionistas) para as demais perspectivas no chamado efeito cascata.

Aqui, notamos uma importante diferença entre as duas abordagens, conforme já mencionamos: os **OKRs** não propõem o desdobramento dos objetivos, muito pelo contrário, recomendam que a partir dos Objetivos da Organização (*Top-Down*), as Áreas de Negócio, os Times e os Indivíduos selecionem livremente, os **Objetivos** que permitirão os atingimentos dos **Resultados-Chave** da empresa.

Apesar de sua atual importância para a *Gestão Estratégica das Empresas*, a metodologia do *Balanced Scorecard* é criticada pela dificuldade que os gestores encontram na formulação dos *Objetivos Estratégicos*, por meio de uma relação de causa e efeito entre eles e também pelo seu desdobramento em cascata.

Na comparação entre as abordagens, outro ponto precisa ser mencionado: no atual mundo da mentalidade empreendedora, das inovações disruptivas,

OKRs e BSC, a Dupla Dinâmica da Estratégia 165

Financeira e Sustentabilidade (Acionistas)

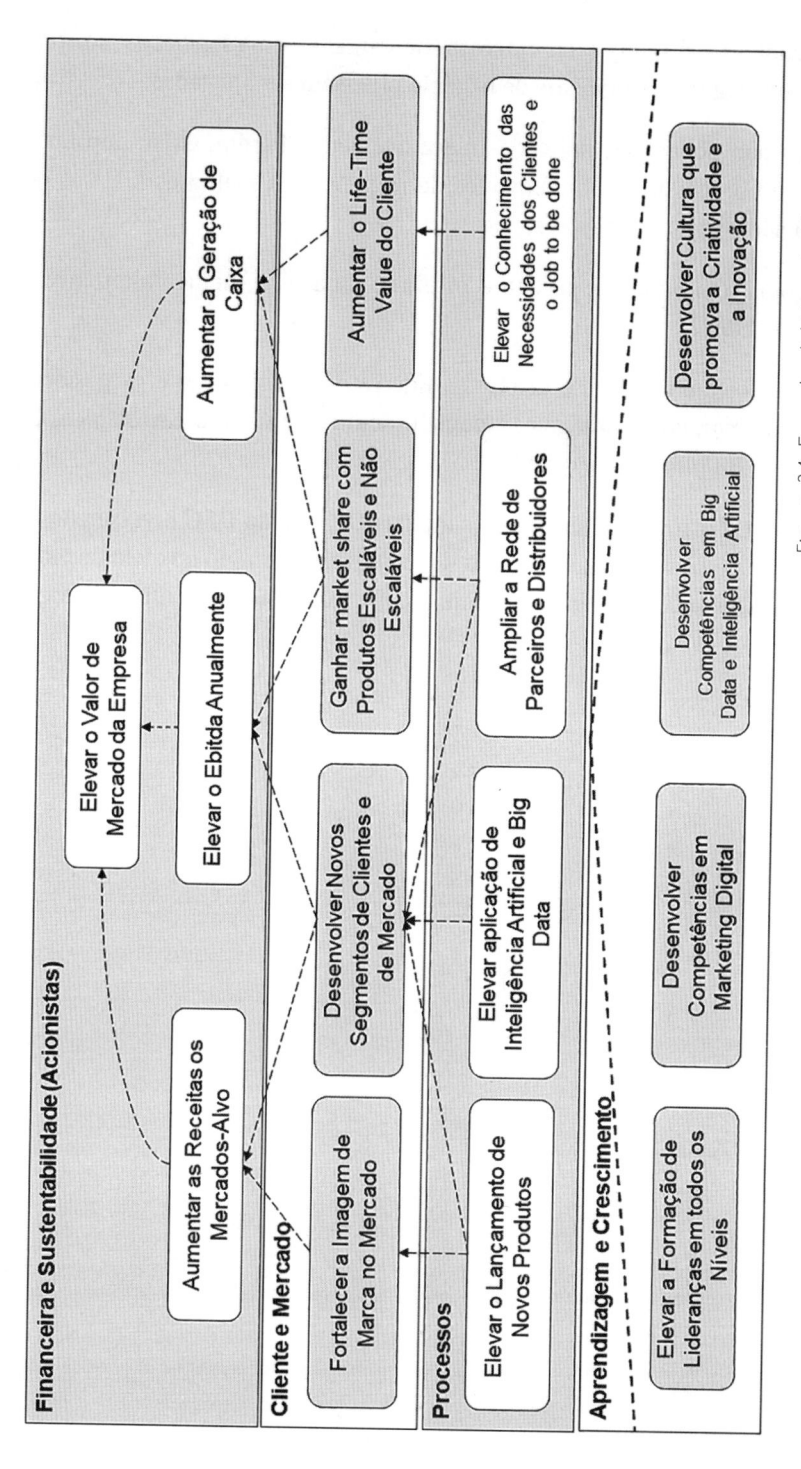

- Aumentar as Receitas os Mercados-Alvo
- Elevar o Valor de Mercado da Empresa
- Elevar o Ebitda Anualmente
- Aumentar a Geração de Caixa

Cliente e Mercado

- Fortalecer a Imagem de Marca no Mercado
- Desenvolver Novos Segmentos de Clientes e de Mercado
- Ganhar market share com Produtos Escaláveis e Não Escaláveis
- Aumentar o Life-Time Value do Cliente

Processos

- Elevar o Lançamento de Novos Produtos
- Elevar aplicação de Inteligência Artificial e Big Data
- Ampliar a Rede de Parceiros e Distribuidores
- Elevar o Conhecimento das Necessidades dos Clientes e o Job to be done

Aprendizagem e Crescimento

- Elevar a Formação de Lideranças em todos os Níveis
- Desenvolver Competências em Marketing Digital
- Desenvolver Competências em Big Data e Inteligência Artificial
- Desenvolver Cultura que promova a Criatividade e a Inovação

Figura 34: Exemplo didático de Mapa Estratégico.

das tecnologias digitais e das empresas nascentes — em especial as *Startups* — as abordagens tradicionais de negócio precisam ser ajustadas.

Elas não podem ser aplicadas mecanicamente. Porém, existe um fator crítico no processo: os fundamentos de negócio e as melhores práticas de gestão não podem ser desprezadas.

Agora, retornando à pergunta original: Qual é a melhor alternativa? **OKRs** ou **BSC**?

A resposta é objetiva e direta: os líderes da organização e os gestores podem aplicar, com vantagem, a dupla dinâmica da *Gestão Estratégica*: os **OKRs** e o **Balanced Scorecard**.

Vale destacar, que o uso combinado dos **OKRs** e do **BSC** precisa passar pelo crivo do contexto dos negócios da empresa, do estágio no ciclo de vida, da consistência do modelo de negócio e, principalmente, da cultura da organização e do *mindset* dos dirigentes.

Parte III

A Estratégia Empresarial Ágil na Era Digital

"Quando os especialistas estão errados, geralmente é porque são especialistas em uma versão anterior do mundo."

(Paul Graham)

"Numa cultura tecnológica em rápida mudança e numa economia cada vez mais baseada nas informações, ideias criativas são um recurso derradeiro."

(Peter Diamandis e Steven Kotler)

"É impossível prever o futuro. Mas você pode imaginá-lo resolvendo um novo problema das pessoas, por meio de uma nova ideia e um mindset diferente."

(Frase inspirada na mentalidade ágil)

"Em teoria, não há diferença entre teoria e prática. Na prática, há."

(Yogi Berra)

Capítulo 6

A Estratégia Precisa Ser Ágil

19. A GESTÃO ÁGIL DA ESTRATÉGIA NA ERA DIGITAL

Antes de explicar o conceito de *Estratégia Empresarial Ágil*, é preciso destacar a importância que a mentalidade ágil (*agile mindset*) vem assumindo na gestão das empresas, indo muito além de sua finalidade original de acelerar o desenvolvimento de softwares.

No atual ambiente dos negócios em rápida transformação, os **OKRs** lançam um novo desafio para os empresários, dirigentes e os gurus dos negócios: ***a gestão estratégica precisa ser ágil***, rapidamente implementada e avaliada por meio da experimentação de testes com clientes e mercado de aprendizagem e ajustes, visando o crescimento sustentável e a sustentabilidade dos negócios a longo prazo.

Não é mais o tempo do planejamento estratégico tradicional e convencional, que dificilmente é assumido pelos empregados e raramente implementado.

Os dirigentes de empresas e os estudiosos em gestão estão cada vez mais atentos e preocupados sobre algumas questões não respondidas pelo planejamento estratégico tradicional: a lentidão do processo de formulação da estratégia, a demora na execução e o não engajamento dos profissionais, gerando desperdício e destruição de valor. O tempo de trabalho disponível na organização não pode mais ser desperdiçado.

Na Era Digital, a complexidade e a aceleração dos negócios não podem conviver com o *mindset* tradicional, com a lentidão e com a burocracia interna das organizações. A formulação e a execução do Plano Estratégico não podem continuar separados.

Em contraste, a metodologia dos **OKRs** oferece um fluxo ágil para a estratégia empresarial, uma rápida avaliação e testes das hipóteses a cada trimestre, sem perder a perspectiva de longo prazo.

A *Agilidade Estratégica*, como veremos à frente, significa a capacidade dos líderes de uma organização em sentir as mudanças no ambiente competitivo, as inovações disruptivas, as oportunidades emergentes, os novos entrantes e saber como responder rapidamente a esses desafios.

Em síntese, o mundo dos negócios vive o momento do pensamento *lean*, da agilidade nos negócios, da inovação disruptiva e da busca do crescimento exponencial.

20. O SIGNIFICADO DE ORGANIZAÇÃO EXPONENCIAL

A atual era da *Revolução Industrial e Social 4.0* e das *Tecnologias Digitais*, apresentam mais uma importante característica que está influenciando as iniciativas e a motivação de empreendedores e empresários. É o desejo de criar empresas com crescimento acelerado das receitas, escalabilidade das operações e a rápida valorização do negócio. A criação de pequenos negócios e microempresas continuam importantes, porém, cresce o número de pessoas que desejam construir *organizações exponenciais*.

As *organizações exponenciais* são aquelas que buscam oportunidades exponenciais, isto é, têm uma finalidade diferente: solucionar os problemas, as necessidades e atender às aspirações de um grande número de pessoas e empresas da sociedade. Elas não têm como foco os nichos de mercado. Salim Ismail, Michael Malone e Yuri Van Geest são os principais divulgadores da *organização exponencial* (*ExO*), de acordo com eles:

"Uma organização exponencial é aquela cujo impacto (ou resultado) é desproporcionalmente grande — pelo menos dez vezes maior — comparado com seus pares, devido ao uso de novas técnicas organizacionais que alavancam as tecnologias aceleradoras."

Essa busca de soluções para grandes problemas exige um novo entendimento sobre como dirigir um negócio e em nosso caso, sobre o processo de formulação, implementação e gestão da estratégia empresarial.

Neste sentido, inúmeras empresas de diferentes portes e atuando em diferentes setores de atividade podem se beneficiar da ideia e se transformarem numa *organização exponencial* (10×).

As *Organizações Exponenciais* (*ExO*) estão atraindo pessoas empreendedoras e criativas. Elas desejam trabalhar em uma empresa que possua um propósito inspirador e visão estratégica. E, também que seja orientada para inovação, e a utilização de tecnologias disruptivas, com a finalidade de escalabilidade das operações, da criação de valor e da melhoria da qualidade de vida das pessoas.

Eric Schmidt, ex-CEO da Google, denomina essa jovem geração de pessoas com espírito empreendedor de *smart criativos* (*criativos inteligentes*). Eles estão procurando fazer algo novo, querem fazer diferença no mundo e não têm medo de falhar na busca da realização de seus objetivos.

A crescente valorização da mentalidade empreendedora, das tecnologias digitais e do desejo das pessoas realizarem um trabalho que tenha significado e faça diferença na vida das pessoas e da sociedade, tem gerado profundas mudanças na gestão empresarial. Ter um *propósito* ganha força, ou melhor ainda, a organização precisa ter um *Propósito Transformador Massivo*.

21. A IDEIA DE PROPÓSITO TRANSFORMADOR MASSIVO

Uma das principais característica da nova abordagem de gestão empresarial, do qual os **OKRs** fazem parte, é o conceito de *Propósito Transformador Massivo* (*MTP – Massive Transformative Purpose*). Vamos usar as palavras Propósito Transformador Massivo e propósito, como sinônimos.

A resposta a essa indagação é que o propósito é considerado como um dos fatores mais importantes para o crescimento e o sucesso das organizações. Então por que esse renovado interesse pelo seu significado?

O principal motivo é que o *Propósito Transformador* dá um novo sentido, atualiza e sintetiza para as novas gerações de profissionais os clássicos conceitos de *Missão* e de *Visão*. Porém, isso não significa que esses conceitos deixaram de ser importantes, mas sim, renovados.

Na Era Digital, os *líderes* de uma organização têm sob sua responsabilidade a *criação do futuro do empreendimento*, por meio do crescimento sustentável e da valorização da empresa. Na linguagem atual dos negócios significa *pensar bold*, isto é, *pensar grande*, num ecossistema de *oportunidades exponenciais*.

Mais especificamente, a ideia de **Propósito Transformador Massivo** foi desenvolvida por Salim Ismail e Ray Kurzweil, fundadores da Singularity University e explicada no livro *Organizações Exponenciais*. A obra tem como coautores, Michael Malone e Yuri Van Geest, que formulam perguntas provocativas para o leitor: **"você está trabalhando em algo que pode mudar o mundo?"** Se a resposta for sim, seja bem-vindo à era das mudanças exponenciais.

É importante destacar, segundo os autores, que uma *Organização Exponencial* possui um *Propósito Transformador Massivo* e, tem como finalidade a obtenção de **Retornos Acelerados** — a ser conquistado tanto pela rápida redução dos custos dos novos produtos, como também, pelo rápido aumento da geração de valor econômico agregado. Esses resultados acelerados são possíveis por meio de uma combinação entre a **Lei de Moore**, as inovações disruptivas e as tecnologias digitais.

Então, por que a ideia de *Propósito Transformador Massivo* é diferente das usuais definições de *Missão* e de *Visão*? A resposta vem, por exemplo, da leitura das convencionais declarações de visão, e uma grande quantidade delas começa com a repetida frase: "Ser referência em..." alguma coisa óbvia.

Veja a seguir, o contraste entre os dois conceitos.

> Existe uma grande diferença entre "Querer ser" e "Realizar Transformações"

- **Visão convencional:** pretende explicar o que a organização quer ser no futuro.
- **Propósito transformador massivo:** transmite uma mensagem inspiradora sobre a transformação que a organização deseja provocar na vida das pessoas e na sociedade.

A adoção do *PTM — Propósito Transformador Massivo* é recente e gradativamente vem sendo utilizado por inúmeras organizações. Sandro Magaldi e José Salibi Neto, em seu livro, *Gestão do Amanhã*, apresentam uma excelente síntese do novo conceito: "o Propósito Transformador Massivo é uma evolução do conceito original de propósito e está ancorado na visão de que a tecnologia atual permite a solução de problemas globais que impactam, de forma massiva e transformadora, um universo abrangente de indivíduos."

Nesse sentido, os conceitos de *Missão* e *Visão* das empresas de vanguarda da atualidade podem ser considerados como uma fonte inspiradora para a criação de um *Propósito Transformador Massivo*.

Vamos ilustrar a importância da definição da *Missão*, da *Visão*, ou do *Propósito* e como eles impactam a *Estratégia Empresarial*, tomando como exemplo as originais e provocativas declarações da Intel (18.06.1968), da Microsoft (04.04.1975), da Apple (01.04.1976) e da Google (04.09.1998). Note como os textos estimulam a inspiração e o engajamento das pessoas com a organização.

Exemplos do significado de Propósito Transformador

- **Intel:** "Utilizar o poder da Lei de Moore para lançar dispositivos inteligentes e conectados a todas as pessoas da Terra." Lembrando que o nome Intel é formado pela combinação das palavras *Integrated Eletronic* e sutilmente sugerindo a ideia de *Intelligence*.
- **Microsoft:** "Um computador em cada mesa das casas." No texto original havia a expressão: "Usando software da Microsoft."
- **Apple:** "Tornar a tecnologia acessível ao homem comum sem qualquer formação técnica."
- **Google:** "Organizar as informações do mundo e torná-las mundialmente acessíveis e úteis para todos."

Vamos complementar a noção de *Propósito Transformador Massivo* com as declarações de missão das empresas: Tesla (01.07.2003), Facebook (04.02.2004), Airbnb (08.2008), Spotify (23.04.2006), Alibaba (04.04.1999) e Singularity University (20.09.2008).

- **Tesla:** "Acelerar a transição do mundo para a energia sustentada."
- **Facebook:** "Dar às pessoas o poder de criar comunidades e aproximar o mundo."
- **Airbnb:** "Criar um mundo onde todos se sintam em casa, oferecendo viagens saudáveis que sejam locais, autênticas, diversificadas, inclusivas e sustentáveis."
- **Spotify:** "Desbloquear o potencial da criatividade humana, dando a um milhão de artistas criativos a oportunidade de viver de sua arte e a bilhões de fãs a oportunidade de aproveitar e se inspirar por esses criadores."
- **Alibaba:** "Facilitar os negócios em qualquer lugar."
- **Singularity University:** "Impactar positivamente um bilhão de pessoas."

Entretanto, com o decorrer do tempo, a popularização das metodologias de gestão empresarial e o foco nas atividades operacionais reduziram o poder e o impacto de uma definição de missão, de visão, ou ainda, de propósito.

Inúmeros estudos mostram que as declarações de *missão* e *visão* se tornaram lugar comum em muitas empresas. Os textos frequentemente usam palavras semelhantes, superficiais e convencionais incapazes de inspirar, motivar e engajar as pessoas. Poucos funcionários conseguem explicar por que sua organização existe, qual é a finalidade de seu trabalho e ainda, qual o texto da missão e da visão da empresa em que trabalham.

Simon Sinek, autor do livro, *Comece pelo porquê: Como grandes líderes inspiram pessoas e equipes a agir.*, destaca a importância da finalidade e do propósito para inspirar as pessoas. "Tudo começa pela clareza. Você tem de saber porque faz o que faz. Se as pessoas não comprarem o que você faz, elas compram porque você faz.

Então, se você não sabe por que faz o que faz, como alguém mais saberá? Se o líder da organização não consegue articular claramente por que a organização existe além de seus produtos ou serviços, então como pode esperar que os colaboradores saibam por que comparecer ao trabalho?"

22. O PROPÓSITO INSPIRADOR ESTIMULA A CRIAÇÃO DE BONS *OKRS*

Estamos ressaltando a importância do significado e do propósito, para evitar que o processo de definição dos *Objetivos* e dos *Resultados-Chave* se tornem uma finalidade em si mesma. Devido à pressão do dia a dia de trabalho e a ansiedade de alguns gestores há o risco dos **OKRs** serem definidos de uma forma superficial e convencional, sem levar em consideração o contexto dos negócios da empresa. Além disso, como inúmeras empresas fazem, estabelecer *KPIs* e objetivos sem uma clara definição do propósito pode impedir a empresa de operar de acordo com seu pleno potencial de crescimento e de criação de valor.

A finalidade da empresa e o *porquê* de sua existência, conforme explicitado pelo fundador do negócio, precisam ser conhecidos pela equipe de colaboradores e fazer parte da cultura da organização. Na mesma linha de raciocínio Philip Kotler afirma, "uma vez definida a razão de ser da empresa, ela revelará o caminho para a obtenção de uma força de trabalho comprometida, de serviços e produtos mais inovadores, de clientes mais fiéis, além de aumentos substanciais nos lucros e impacto positivo na sociedade".

Dessa forma, o *Propósito Transformador Massivo* é um fator de inspiração das pessoas, indicando a transformação que a empresa aspira realizar no estilo de vida das pessoas e assim, não fica presa somente no que ela faz no presente.

Alguns mais céticos podem questionar: Um propósito transformador inspirador pode realmente fazer a diferença? A resposta é dada por um recente fato, com grande repercussão na mídia e no mundo empresarial: A reinvenção da Microsoft por meio da criação de um novo propósito.

A Microsoft é a empresa de tecnologia que mais vem crescendo e sendo valorizada, desde 2014, quando Satya Nadella assumiu a posição de CEO. De uma corporação que vinha perdendo terreno nas novas tecnologias e nos negócios da internet, nos telefones celulares e nos mecanismos de busca, a Microsoft recuperou sua competitividade e liderança, alcançando a marca de mais de US$1 trilhão em valor de mercado, ao final de 2019.

Atualmente (agosto de 2020), a Microsoft ocupa o segundo lugar do mundo em valor de mercado, logo após a Apple, porém acima da Alphabet, da Amazon e do Facebook. Como Nadella explicou em seu livro, *Aperte o F5 (Hit Refresh)*, a reinvenção da empresa está associada à criação de um novo propósito. Quando o conselho de administração da Microsoft anunciou Satya Nadella como o novo CEO da empresa em fevereiro de 2014, ele afirmou:

> *"Fiz questão de colocar a cultura da empresa no topo da nossa lista de prioridades. Eu disse que precisaríamos descobrir a alma da Microsoft, a nossa razão de ser. Percebi que meu maior trabalho será direcionar nossa cultura para que 100 mil mentes inspiradas, os colaboradores da Microsoft, possam criar o nosso futuro."*

Para Nadella, apertar o *F5* significava atualizar, renovar a empresa, a partir de um novo propósito. Significava explicar para a organização por que existimos. Além disso, era preciso buscar novas ideias, ter relevância no mercado e promover a renovação.

Em síntese, era preciso um novo alinhamento entre o propósito (missão), a estratégia e a cultura da empresa. A nova missão da Microsoft foi definida como *"ajudar pessoas e suas organizações a fazerem mais e conquistar mais realizações"*.

Com a redefinição de seu propósito, atualmente a Microsoft tem significativa participação de mercado nos negócios de computação na nuvem, inteligência artificial, plataformas digitais, além da conhecida liderança em software de computação pessoal.

Após os exemplos citados, e mais especificamente os elementos contidos no significado do propósito, queremos destacar como ele é essencial para a inovação do modelo de negócio da empresa. Em nosso caso, queremos reforçar como o propósito é fundamental para a definição da Estratégia Empresarial e, em seguida, dos Objetivos e Resultados-Chave (Figura 35).

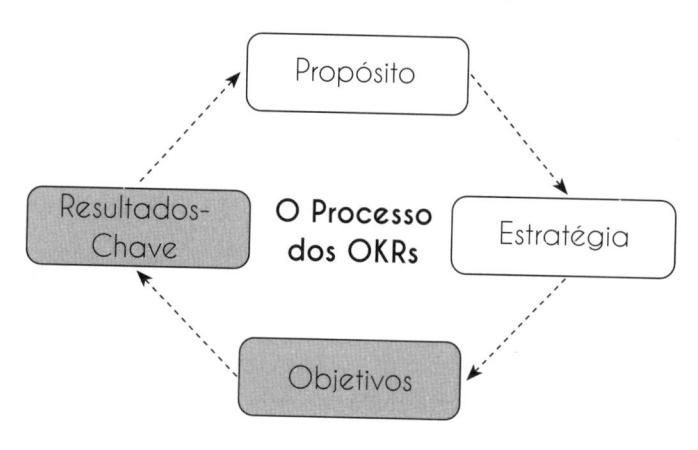

*Fonte: Elaborado pelo autor.

Figura 35: O Propósito, a Estratégia e o Processo dos *OKRs*.

É também importante destacar que o processo dos **OKRs**, do Propósito, para a Estratégia e, em seguida, para a definição dos objetivos e dos Resultados-Chave é uma referência para as decisões de investimentos

— *Capex, Opex* e *inovação* — a serem aprovados pela Alta Direção e pelo Conselho de Administração da empresa.

23. O SIGNIFICADO DE *AGILE*

No ambiente da gestão de negócios tanto o *framework* dos **OKRs**, como a abordagem **Agile** e do **Scrum** estão em evidência. Elas podem dar a impressão de serem recentes, porém foram desenvolvidas há muitos anos. Os **OKRs** datam dos anos 1980, tendo como criador Andrew Grove, como já mencionamos.

A abordagem **Agile**, por sua vez, foi apresentada em fevereiro de 2001, quando um grupo de dezessete desenvolvedores de *software* de tecnologia lançou o **Manifesto Ágil**. Entre os signatários do documento estavam Jeff Sutherland e Ken Schwaber, *cocriadores* do **Scrum**. Lembrando que eles criaram o conceito de *Scrum*, em 1993.

O conteúdo do *Manifesto Ágil* foi cocriado, tendo como base *quatro valores e doze princípios* e rapidamente suas ideias foram aplicadas, com sucesso, não só para o desenvolvimento de software, mas, principalmente, para a gestão de empresas. Os principais *valores* do Manifesto Ágil (*Agile*) são os seguintes:

Valores da abordagem ágil:

- **Indivíduos e interações** mais que processos e ferramentas.
- **Software em funcionamento** mais que documentação abrangente.
- **Colaboração com o cliente** mais que negociação de contratos.
- **Responder às mudanças** mais que seguir um plano.

De acordo com Jeff Sutherland, no **Agile** os primeiros itens (em negrito) são os mais valorizados do que o complemento da frase, também considerados importantes.

Como nosso foco são o pensamento ágil, a estratégia empresarial *ágil* e a organização *ágil* como referenciais para a definição dos **OKRs**, vamos tomar a liberdade e, com a devida vênia, sugerir que os valores da abordagem ágil sejam aplicados à gestão empresarial, com alguns ajustes.

Valores da Organização Ágil:

A. Pessoas motivadas por um propósito inspirador fazem a diferença, mais do que metodologias tradicionais de gestão de negócios.

B. Estratégia empresarial executada mais do que planilhas analíticas convencionais.

C. Cliente no centro do negócio mais do que o lucro somente de curto prazo.

D. Agilidade, experimentação, aprendizagem rápida, adaptabilidade mais do que ficar preso num planejamento estático de longo prazo.

De acordo com a **Agile Alliance**, uma organização sem fins lucrativos comprometida com a divulgação dos valores, princípios e práticas ágeis, **define** *Agile* **como "a capacidade de criar e responder a mudanças para ter sucesso em um ambiente incerto e turbulento"**.

Note que esse conceito reflete os desafios das organizações de terem uma mentalidade empreendedora, um propósito transformador, uma estratégia empresarial ágil e a decisão de implementar os **OKRs** de forma ágil.

De acordo com Matt Lemay, autor do livro **Agile para todos**, a abordagem ágil está organizada em torno de três princípios *ágeis*:

"Agile significa que começamos pelos nossos clientes.

Agile significa que a colaboração começa cedo e é frequente.

Agile significa que planejamos para a incerteza."

Porém, os especialistas fazem uma observação: o *agile* é simples, mas não é fácil. Ele é suportado por ideias, valores e princípios que precisam ser respeitados para produzir os resultados desejados.

Nesse sentido, no desenvolvimento de uma mentalidade *Agile*, de uma Estratégia Empresarial *Agile* e de uma Organização *Agile*, existem importantes abordagens, muito úteis e que podem ajudar durante o processo de introdução dos **OKRs** na organização. Estamos nos referindo à mentalidade *lean*, ao *design thinking* e aos *princípios ágeis*.

- **Mentalidade lean:** Visa a eficiência, o aumento da produtividade, a redução dos desperdícios no processo de produção, a criação rápida de produtos e, recentemente, a transformação de uma startup em uma empresa de sucesso.

- **Design thinking:** Valoriza a interação entre a empresa e os clientes, a usabilidade de um produto, a satisfação com a experiência que proporciona aos clientes e a colaboração entre as equipes de trabalho.

- **Princípios Ágeis:** Estimula o trabalho exploratório e colaborativo, lida com a incerteza de forma iterativa, testa rapidamente hipóteses, aprende rapidamente com os feedbacks e opera com ciclos curtos de entregas.

Todos esses fatores são importantes, porém, a abordagem da Estratégia Empresarial Ágil recomenda que eles não podem ser considerados isoladamente — uma visão holística apoiada pelo *pensamento agile* que promove a integração.

Outro ponto a ser destacado está relacionado com a quantidade de trabalho realizado. Uma interpretação restrita da abordagem ágil e de sua mensagem pode ser resumida na seguinte frase: **fazer o dobro do trabalho pela metade do tempo, é o que importa.**

Há também mais um risco: ser *agile* não significa fazer mais rápido o que a empresa sempre fez. O volume de coisas produzidas não é mais garantia de empresa bem-sucedida — isso tem a ver com os resultados alcançados.

Então, precisamos repensar qual deve ser o foco da atenção. Na era da revolução digital, resolver os problemas mais importantes dos clientes o mais rápido possível é o desafio. A *filosofia Agile* pode ser melhor interpretada pela mensagem de Mayur Gupta, do Spotify:

"**A agilidade é medida com base na sua capacidade de mudar e evoluir conforme as necessidades dos clientes, e não com base na sua velocidade de execução**", conforme explicou.

Uma das maiores contribuições do *agile mindset* é o desenvolvimento de um novo design organizacional, a denominada *organização ágil*, essencial para a sobrevivência dos negócios na Era Digital. E, como nos ensinou Alfred Chandler, *s*e a estrutura segue a estratégia, uma *Organização Ágil* demanda uma *Estratégia Empresarial Ágil*. Neste sentido, o nosso próximo passo é definir o significado desse importante conceito.

24. O SIGNIFICADO DA ESTRATÉGIA EMPRESARIAL ÁGIL

Na *Era Digital*, da *Revolução Industrial e Social 4.0* e das inovações disruptivas, o processo de criação de valor deve ser inovador, ágil e fluído por meio da experimentação e do aprendizado. Como nos explica Ming Zeng: **"a abordagem clássica de analisar, planejar e executar é lenta e inflexível demais para o ambiente de hoje."**

Nesse novo contexto dos negócios, o da *hipercompetição*, a clássica ideia de *vantagem competitiva sustentável*, está sendo revista e substituída pelo conceito de *vantagem competitiva transitória*.

De acordo com Rita McGrath, "o pensamento estratégico tradicional está sendo cada vez mais questionado." Ela, em seu livro *O Fim da Vantagem Competitiva*, afirma: "a estratégia (tradicional) está presa a formas de pensar que podem ter feito sentido na época em que os setores eram estáveis, quando as tendências eram mais ou menos previsíveis e quando a velocidade da evolução tecnológica parecia ser menor. Sendo assim, o objetivo da estratégia era atingir a estabilidade por meio de uma vantagem competitiva estável. Hoje, esse modo de pensar não se sustenta mais."

Na atualidade, o *espírito empreendedor*, a *estratégia*, a *inovação*, e a *mentalidade agile* estão integrados entre si. Esse novo modo de considerar a Estratégia Empresarial Ágil, é essencial para a implementação da abordagem dos **OKRs** nas organizações.

Vale mencionar, que a *Estratégia Empresarial Ágil* combina e atualiza os fundamentos clássicos de negócios, com os novos conceitos e as novas abordagens em evolução.

Também precisamos reconhecer que as metodologias clássicas de estratégia empresarial eram denominadas de *administração estratégica* e, em sua maioria, foram criadas em um ambiente econômico com maior estabilidade e onde o futuro das empresas parecia ser mais previsível. Era o mundo da *Revolução Industrial 3.0* (entre os anos 1950 e 2000).

Veja, por exemplo, as clássicas abordagens de Peter Drucker, as *Matrizes do BCG* e da *McKinsey*, a análise *SWOT*, as *Cinco Forças Competitivas*, a *Reengenharia* e as *Core Competences* que eram considerados os principais arcabouços conceituais e de referência para dirigir com sucesso uma empresa, ou ainda, uma corporação.

Então, novas ideias surgiram, em especial, a *inovação disruptiva*, o *design thinking*, a *value innovation* (estratégia do oceano azul), o *modelo de negócio* (*Canvas*) e a *lean* startup. Essas abordagens foram desenvolvidas e refletiam as exigências dos negócios da *Revolução Industrial e Social 4.0* da atualidade.

Há um grande contraste entre a abordagem clássica da estratégia e a nova abordagem da Era Digital. A abordagem clássica era analógica, linear, orientada para a eficiência operacional e para as vantagens competitivas. As novas abordagens, por sua vez, são digitais, em redes sociais e em plataformas de negócios suportadas por informação, inteligência e inovações disruptivas.

No contexto da revolução digital e de um novo ecossistema de negócios, a *Estratégia Empresarial* está se renovando por meio da inteligência artificial, da computação na nuvem, da learning machine, da *IoT* – Internet das Coisas, do *blockchain*, dos *algoritmos*, das *plataformas de colaboração*, da *informação compartilhada*, das *redes sociais*, das *comunidades*, de *pessoas* e, em especial, do *empreendedorismo inovador*.

Um ponto a ser destacado é que as organizações para explorarem as novas oportunidades da nova Era Digital precisam também, como um prerrequisito, ter uma base tecnológica para se beneficiar de todos esses artefatos inovadores. É no interior dessa nova base tecnológica, de novos modelos mentais e de uma nova liderança que a organização prosperará.

É nesse emergente contexto dos negócios, que a estratégia empresarial precisa ser renovada. É também onde a agilidade, ou melhor, a mentalidade agile se faz necessária. Como nos explicou Lou Gerstner, ao compartilhar suas experiências como ex-CEO da IBM, **"é preciso ser rápido e adaptável, do contrário, a estratégia é inútil."** O que demonstra a importância do *agile mindset* e também nos conduz até a ideia de *Estratégia Empresarial Ágil*.

Para a definição, vamos tomar como referência e integrar os diferentes conceitos que desenvolvemos até o momento, e também, a mensagem inspiradora de Peter Drucker, **"existe apenas uma definição válida sobre propósito de negócios: criar um cliente."** Traduzindo essa mensagem de Drucker para a Era Digital, propomos a seguinte definição de *Estratégia Empresarial Ágil*.

Definição de Estratégia Empresarial Ágil

A Estratégia Empresarial Ágil tem por finalidade capacitar a organização para conquistar clientes, num ambiente de rápidas mudanças, incerto, com oportunidades emergentes e estimulado pelas tecnologias disruptivas e digitais.

A partir do conceito apresentado, vamos destacar alguns pontos que consideramos essenciais. A *Estratégia Empresarial Ágil* é centrada nos clientes, suas dores, necessidades, expectativas e aspirações. A agilidade é avaliada pela capacidade da empresa de evoluir, conforme as necessidades dos clientes. É o que Clayton Christensen denomina de *Job-to-be-done*, a tarefa a ser realizada em uma dada circunstância pelos clientes, quando compram um produto ou um serviço.

Agile significa estar aberto e sentir as mudanças, lidar com as incertezas, realizar experimentos, incorporar o feedback dos clientes, inovar e lançar produtos com potencial de crescimento exponencial.

A *Estratégia Empresarial Ágil* é implementada com rapidez, com ciclos trimestrais de feedback, refletindo os objetivos e resultados-chave anuais, alinhados à visão de longo prazo da organização. Como explicou Ming Zeng, *"a estratégia não é mais análise e planejamento, mas, sim, um processo de experimentação em tempo real e envolvimento do cliente."*

Nessa perspectiva, criar uma estratégia significa colocar o cliente no centro do negócio, desenvolver um inovador modelo de negócio, incorporar tecnologias aceleradoras e renovar o *mindset* das pessoas, de fixo para o de desenvolvimento.

Dessa forma, a abordagem da estratégia empresarial ágil, possibilita o desenvolvimento de um inovador modelo de negócio e de uma organização modular, adaptativa, evolutiva e flexível, à medida em que a empresa cresce de forma exponencial. Em síntese, a abordagem prepara a organização para as circunstâncias do ecossistema do negócio, fora do controle da empresa.

A *Estratégia Empresarial Ágil* contribui para a alta direção responder, com urgência, as novas opções de negócios para o sucesso futuro. Isto é, qual é o escopo de negócio da empresa hoje, e qual precisa desenvolver para o futuro.

A *Estratégia Empresarial Ágil* estimula a renovação contínua da empresa por meio da criação de novos modelos de negócios, com novos fluxos de informação a partir do ciclo: ideação, experimentação, *feedback* e ajustes, como se fosse uma startup. Esta nova abordagem dos negócios supera a mentalidade conservadora de *esperar para ver* de inúmeros membros da alta direção das empresas.

A *Estratégia Empresarial Ágil* é também, inspirada na mentalidade empreendedora e na forma de atuar das startups, mais precisamente, o que Eric Ries denomina de **Startup Way**.

Quer dizer, é a forma como as empresas e as corporações usam a mentalidade do empreendedor para se transformar, renovar e crescer de forma contínua.

Para Eric Ries, os princípios aplicados para a gestão empreendedora de uma startup podem ser replicados, com benefícios, para os demais tipos de organização. Assim, a *Estratégia Ágil* aceita a possibilidade de combinar o melhor da gestão de negócios, com a emergente disciplina da gestão de startups. O desafio é redescobrir o DNA inovador da startup na empresa.

Como Eric Ries gosta de mencionar, **"percebi que o empreendedorismo tem o potencial de revitalizar o pensamento gerencial do século XXI"**. É isto que ele denomina de *Startup Way* — o Estilo Startup de construir negócios.

Dessa forma, a abordagem da estratégia ágil toma como referência um dos lemas do *Vale do Silício*: **pense grande, comece pequeno, cresça rápido**, que foi popularizado por Guy Kawasaki. Esse desafio somente será superado se os líderes da organização definirem a *hipótese de valor* e a *hipótese de crescimento* para a contínua conquista de clientes.

Revendo algumas das ideias já apresentadas, a *Estratégia Ágil* começa com a identificação das dores, das necessidades, das expectativas e das aspirações dos clientes. A partir dessas considerações, os líderes da organização criam o *Propósito Transformador* (equivalente e pode substituir os conceitos tradicionais de Missão e Visão).

Em seguida, o *Propósito Transformador* serve de guia para os dirigentes e os times de trabalho definirem os **OKRs** – *Objetivos e os Resultados-Chave*, do nível da organização, para os times de trabalho, chegando até o nível individual.

Assim sendo, é preciso formular mais uma pergunta: **como é possível integrar o Propósito Transformador, a Estratégia Empresarial Ágil e os OKRs – Objetivos e Resultados-Chave?**

Felizmente, encontramos uma boa referência no vídeo de uma conhecida apresentação dos **OKRs** para o time de *Artificial Intelligence* da Google, disponível no *YouTube*. A apresentação é de Zachary Ross, Senior Technical Program Manager, da Google. Em um dos *slides* do vídeo, é possível ver como a abordagem dos **OKRs** está vinculada ao processo de estratégia empresarial — e em nosso caso, da *Estratégia Empresarial Ágil* (Figura 36).

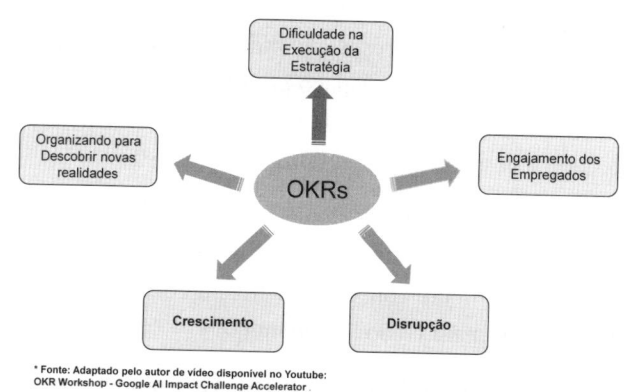

Figura 36: Os Desafios Estratégicos da Organização e os *OKRs*.

Note que, na figura, todos os importantes fatores para o desenvolvimento de uma estratégia empresarial e seu vínculo com os **OKRs** estão presentes nos retângulos: a dificuldade na execução da estratégia, o engajamento dos empregados, a disrupção, o crescimento e organizando para descobrir novas realidades.

Essas questões já foram apresentadas nos capítulos anteriores do livro, porém, neste momento, vamos destacar os principais problemas associados ao processo da estratégia e a determinação dos **OKRs**. Essas observações não se aplicam unicamente à Google, mas também às inúmeras empresas que têm problemas quando necessitam fazer a execução da estratégia.

a. **Dificuldade na Execução da Estratégia:** O colaborador e até mesmo algum gestor pode questionar: "Qual é a estratégia? Não participei do processo? Não houve uma comunicação ou orientação sobre como realizaremos a implementação. Como vou saber o que fazer?"

b. **Engajamento dos Empregados:** O questionamento continua: "Como vou me engajar em algo sem inspiração, burocrático e que não fui envolvido desde o início do processo?" Além disso há um distanciamento entre quem formula a estratégia (alta direção) e quem irá implementará (a linha de frente) e também, um grande lapso de tempo (vários meses) entre o início do processo estratégico, sua formulação, sua aprovação, comunicação e a implementação propriamente dita.

c. **Disrupção:** As inovações disruptivas, as tecnologias digitais, as emergentes necessidades das pessoas e a lentidão na resposta de inúmeras grandes empresas que mantêm suas ofertas tradicionais e, que em declínio, abrem espaço para os novos entrantes, que antecipam a janela de oportunidade para transformarem situações de não mercado e pessoas não atendidas, em clientes.

d. **Crescimento:** O predomínio do *mindset fixo* (conservador), e não o *mindset de crescimento* de inúmeros membros da alta direção, e o ajuste ao orçamento conservador fazem com que o crescimento das receitas seja linear e não exponencial.

e. **Organizando para Descobrir Novas Realidades:** Tradicionalmente, a inovação de uma empresa fica limitada na também tradicional, área de Pesquisa & Desenvolvimento e seu clássico modelo de funil (cascata). Essas empresas não levam em consideração o potencial apresentado pela *Open Innovation*, pela *Value Innovation* (criação de Oceano Azul), relacionamento, parceria, ou ainda, aquisição de startups e a constituição de incubadora de startups. Elas também não aplicam as abordagens *Agile* e *Scrum* em seu projetos de inovação.

Em contraste com essa forma de gestão, as maiores corporações do mundo como a Apple, a Microsoft, a Amazon e a Google, para superar seus novos desafios de negócios, mantêm suas organizações ágeis e ajustam frequentemente suas estratégias.

Elas vão além da melhoria contínua. Como esclareceu Larry Page, *"a maioria das empresas decaem lentamente ao longo do tempo porque tendem a fazer o que faziam antes, com algumas pequenas alterações. É natural que as pessoas queiram trabalhar em coisas que sabem que não vão falhar. Mas a melhoria complementar é algo que vem com a garantia de se tornar obsoleta com o passar do tempo. Especialmente em tecnologia, pois você sabe que haverá uma mudança não complementar."*

As novas abordagens de negócios enviam uma mensagem bem clara para a alta direção das empresas: **a agilidade na tomada de decisão, a experimentação de novas ideias, a colaboração entre as equipes de trabalho e a aprendizagem são essenciais nesta época das tecnologias digitais e das inovações disruptivas.**

Nestas condições, embora o planejamento continue a ter sua importância é preciso mudar seu ciclo e *modus operandis*. Ele precisa evoluir de *planejar e implementar para fazer e adaptar*.

Porém, o planejamento não pode continuar lento nesta época em que a mudança é acelerada e os novos entrantes dos negócios são mais inovadores e ágeis. Agora, o ***ciclo fazer/adaptar*** é mantido curto para reduzir, gradativamente, a incerteza inerente à ação empresarial. Uma importante lição do *desenvolvimento agile de software* é a importância da experimentação e da aprendizagem.

Agora, os ciclos de negócios e a avaliação dos resultados em vez de serem projetados para o futuro e avaliados adiante no tempo, são monitorados a cada trimestre (ou mensalmente), por meio de ajustes contínuos conforme evoluem.

Como explica Joi Ito, ex-diretor do **MIT Media Lab**, *"o desenvolvimento ágil, rapidamente ganhou a condição de moeda cultural por sua ênfase no planejamento adaptativo (pense: atirar, preparar, apontar, atirar novamente) entrega antecipada aos clientes e capacidade de improvisar em resposta aos desafios inesperados."*

Em síntese, a *mentalidade agile* significa experimentação, aprendizagem com os erros e acertos, ajustes contínuos e a percepção de que a empresa está continuadamente inovando e criando valor (Figura 37).

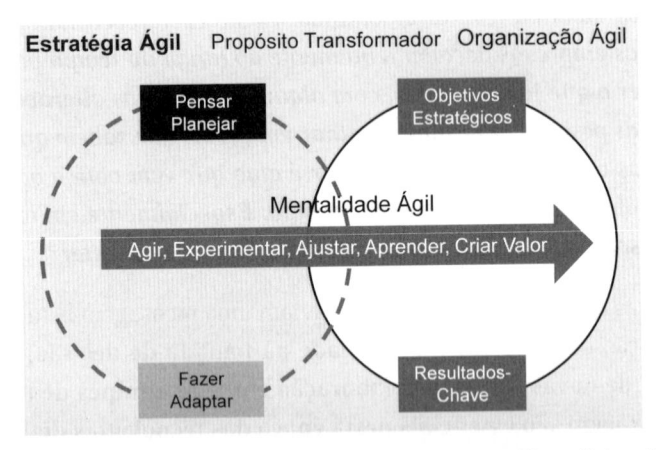

*Fonte: Elaborado pelo autor.

Figura 37: O Contexto Empresarial dos OKRs.

Para estimular o debate e o desenvolvimento da abordagem da *Estratégia Ágil*, vamos nos inspirar em algumas das recomendações de Stephen Bungay, com pequenos ajustes:

1º O ambiente dos negócios é imprevisível e incerto, logo devemos esperar o inesperado, como diria Heráclito, e não planejar além daquilo que podemos prever.

2º Como nosso conhecimento é limitado em relação à complexidade do mundo dos negócios, devemos buscar os fatores essenciais de uma situação e fazer escolhas sobre o que é mais importante realizar.

3° Para as pessoas agirem com eficácia, é essencial nos certificarmos que elas saibam o que devem atingir e por quê, quer dizer, os objetivos e resultados-chave.

4° Com os objetivos e resultados-chave definidos, elas têm condições de explicar o que farão, determinar as iniciativas organizacionais, dar feedback e monitorar os resultados periodicamente (mensalmente ou trimestralmente).

5° Para entregar os objetivos e resultados-chave, as pessoas devem estar capacitadas e ter acesso aos recursos, para fazer o necessário e ter autonomia para agir quando o inesperado ocorrer.

6° À medida que o ambiente dos negócios muda, é esperado que os times de trabalho ajustem suas ações para atingir os resultados esperados.

7° As pessoas demonstrarão *empowerment* se forem motivadas por um propósito inspirador e tiverem o apoio da alta direção da organização.

8° O que não for simplificado não será entendido pelas pessoas e não será realizado. É um complemento da frase: *o que não for medido não será realizado.*

Como explicam Sandro Magaldi e José Salibi Neto em seu livro, *Gestão do Amanhã*, "em um ambiente em mutação, serão vencedoras as companhias que continuamente redefinirem seu negócio. O líder deve construir e estimular a filosofia de que a empresa está sempre *em beta*, utilizando uma terminologia do campo da computação que define os projetos que estão em processo de validação. Não existe mais uma organização formada. Todas estão em formação constante e contínua."

25. A AGILE ORGANIZATION

A ideia de *Agile Organization* é emergente entre os especialistas de gestão. O ponto de partida, para o entendimento do significado de uma *Organização Ágil* pode ser resumido na frase prevalecente no mundo dos negócios da Era Digital:

"Qualquer empresa projetada para o sucesso do século XX está fadada ao fracasso no século XXI." A mensagem é clara para os empresários, dirigentes e colaboradores de uma empresa: *mude ou morra*.

Uma *Organização Ágil* é aquela que consegue realizar uma combinação inovadora de elementos — estáveis e dinâmicos — com a finalidade de acelerar suas atividades e escalar o crescimento das receitas de forma sustentável.

Nesse sentido, uma *Agile Organization* apresenta três importantes características: é **exponencial**, é **ambidestra** e notadamente *ágil*.

Características da organização ágil

A Organização Ágil é exponencial, ambidestra e ágil.

a. **Ser Exponencial:** Apresenta um forte componente de informação, de tecnologia e capacidade de escalar para atender às novas e crescentes necessidades, expectativas e aspirações das pessoas. É aquela que explora oportunidades exponenciais. É aquela capaz de começar pela escassez de recursos e criar valor e riqueza para todos os *stakeholders*.

b. **Ser Ambidestra:** Uma pessoa ambidestra é aquela que possui habilidades, tanto na mão direita como na mão esquerda e são aplicadas em sua vida cotidiana. O conceito é uma nova analogia: assim como as *competências individuais* foram aplicadas nas organizações como *core competences*, a ideia de ser ambidestro também foi estendida para as organizações.

Assim, uma *organização ambidestra* é aquela que, de um lado, *explora as oportunidades do presente* (*exploitation*) por meio da melhoria contínua, da eficiência operacional, da inovação incremental dos produtos, clientes e mercados atuais e busca manter ou aumentar o *market share*. A organização explora suas competências essenciais e implementa o atual modelo de negócio. Em síntese, sabe como fazer melhor o que já aprendeu a fazer.

Por outro lado, ela *explora as oportunidades emergentes para o futuro* (*exploration*) por meio da inovação (disruptiva), novas *core competences*, renovação do modelo de negócio, acesso a novos ativos (próprios ou de plataformas de negócios), visando elevar as receitas com novos produtos (físicos e digitais).

Também exige a transformação digital da empresa, um novo *mindset* (de crescimento) e a descoberta de novas vantagens competitivas. Em síntese, pretende fazer novas coisas pela primeira vez. Apresenta as características de uma *learning organization*.

Dessa forma a ideia de *agile* está contida no conceito de organização ambidestra. É preciso ser *ágil* para explorar as oportunidades atuais, como também, ser *ágil* para descartar o que não funciona mais e focalizar nas oportunidades emergentes.

A *Organização Ágil* que engloba as ideias de ser exponencial e ser ambidestra nos fornece uma boa pista para explicar, porque empresas bem-sucedidas tiveram dificuldades em se adaptar às mudanças, inovar e se reinventar.

A história dos negócios nos oferece inúmeros exemplos de *mindset* conservador (fixo) e *mindset* de crescimento inovador: da **Nokia** (Apple), do **Yahoo!** (Google), da **Xerox** (Canon), da **Sears** (Walmart), **Blockbuster** (Netflix), da **Pan Am** (Southwest), da **Barnes & Noble** (Amazon), entre outros. As empresas entre parênteses foram as startups que desafiaram a proposta de valor tradicional das empresas estabelecidas e líderes de mercado. O que deu errado nessas empresas que declinaram? Qual foi a falha na estratégia, ou melhor ainda, na ausência de uma consistente estratégia? James March explica:

"O problema básico enfrentado por uma organização é envolver-se na exploração de curto prazo (exploitation) o suficiente para garantir sua viabilidade atual e, ao mesmo tempo, devotar energia suficiente à exploração inovadora (exploration) para garantir sua viabilidade futura."

Para reflexão: O curioso é que as grandes corporações, começaram como startups e uma mentalidade agile à medida que desenvolviam o seu modelo de negócio. Depois, por algum motivo e apesar do sucesso entraram em declínio. É a partir dessas lições aprendidas que devemos considerar a importância do Propósito Transformador, da Estratégia Empresarial Ágil, da Organização Ágil, e como os **OKRs** podem ajudar para a definição das prioridades e dos resultados desejados.

c. Ser agile: É um novo *mindset* dos negócios cujo significado não se restringe à rapidez e à velocidade. A essência do Agile é a rápida resposta às emergentes necessidades dos clientes, é saber lidar com as incertezas, ser aberto às mudanças, é realizar experimentações para gerar novos conhecimentos pelo trabalho colaborativo de pessoas motivadas para atingir um desempenho superior.

O *mindset Agile* é também uma nova forma das organizações lidarem com o futuro, superando o planejamento de longo prazo e o desejo de realizar previsões. O pensamento *Agile* valoriza uma reflexão e uma visão estratégica do futuro — mas não se prende às previsões. Mesmo porque na atual Era Digital, as mudanças ocorrem com tanta velocidade que estão cada vez mais próximas.

Como Alvin Toffler mencionou em seu livro, *Choque do Futuro*, "a mudança é o processo pelo qual o futuro invade nossas vidas." Essa mensagem ressalta a importância da experimentação, da aproximação gradativa, com os objetivos de longo prazo. O que é refletido em ciclos de curto prazo: ideias, testes contínuos, feedback e aprendizado.

Ser *Agile* é também uma forma das organizações operarem no atual mundo denominado VUCA, um ambiente volátil, incerto, complexo e ambíguo. Como a *Agile Alliance* menciona, **"agile é a capacidade de criar e responder a mudanças para ter sucesso em ambiente incerto e turbulento"**. Veja a seguir uma análise comparativa entre o *mindset* tradicional e o pensamento *Agile* (Figura 38):

Abordagem Tradicional	Abordagem *Agile*
Trabalho preditivo	Trabalho exploratório
Trabalho determinável	Trabalho com elevado grau de incerteza
Metodologias similares do passado	Metodologias inovadoras
Requisitos preestabelecidos	Requisitos em hipótese

Ciclos de longa duração	Ciclos curtos
Feedback no futuro	Feedback contínuo
Método válido	Método em experimentação.

Figura: 38 Abordagem Tradicional x *Agile*.

Em síntese, podemos afirmar que uma organização ágil apresenta as seguintes características:

a. A centralidade no cliente, mais do que na rapidez em si.

b. Um senso de urgência, foco nas prioridades e rápida tomada de decisão.

c. Ciclos de negócio impulsionados pelas novas tecnologias.

d. O rápido aprendizado num ambiente de incertezas.

e. Atuação combinada entre redes internas, redes externas e plataformas.

Além dessas características, é importante notar a observação realizada pelo PMI e a Agile Alliance: "o objetivo final não é ser ágil para dizer que é, mas, sim, fornecer um fluxo contínuo de valor para os clientes e alcançar melhores resultados para os negócios."

Antes de consideramos a ideia de **Estratégia Empresarial Ágil** e **Estratégia Mínima Viável**, é importante destacar que o pensamento ágil precisa ser incorporado na cultura organizacional e desafiar, frequentemente, o *mindset* conservador que dificulta a renovação da empresa.

26. A ESTRATÉGIA TRADICIONAL E A ESTRATÉGIA *ÁGIL* SÃO DIFERENTES

É praticamente consenso entre os empresários, dirigentes, gestores e analistas de negócios que o planejamento tradicional e quinquenal ainda adotado por inúmeras empresas, de diferentes portes e setores de atividades, é cada vez menos relevante na Era Digital, das inovações disruptivas e das organizações exponenciais. Na era do pensamento exponencial, o processo de elaboração da estratégia não pode continuar sendo, praticamente, analítico e linear.

Além disso e curiosamente, a morte da estratégia empresarial, ou, melhor ainda, do planejamento de longo prazo foi decretado inúmeras vezes nos últimos anos, por exemplo, pela *Total Quality Management*, pela *Reengenharia*, pela explosão das *empresas pontocom* e pelas *tecnologias digitais*.

Também notamos, em alguns posts da internet e na mídia, algumas *fake news* a respeito do planejamento estratégico, em si. Um bom exemplo, é a recorrente fala de alguns executivos e gurus de negócio: é preferível uma estratégia mal formulada, bem executada, do que uma excelente estratégia mal implementada. É uma nova versão do *just do it*, ou ainda, de *atirar, preparar, mirar*.

Neste caso é preciso deixar bem claro que tanto a formulação quanto a execução devem ser excelentes. Senão o risco é claro. Por que executar bem algo que não criará valor para o negócio, ou pior, que destruirá valor?

Dessa forma, há o risco dos dirigentes transmitirem um *briefing estratégico* equivocado, ou ainda, não serem capazes de explicar com clareza qual é o propósito da organização. Ao contrário, geram uma complexidade que é inimiga da implementação. A comunicação dos objetivos precisa ser clara, objetiva e simples, o que não significa ser superficial.

Outra *fake news* a respeito da estratégia, é que ela deve realizar uma previsão do futuro. Como é praticamente impossível prever o futuro, a estratégia não faz sentido. Como diria John Maynard Keynes, "a longo prazo, todos nós estaremos mortos." Porém, a mensagem de William Gibson é instigante e atual: **"O futuro já está aqui. Só não está uniformemente distribuído."**

Há também a aceitação de que a internet muda tudo, e de que o software está devorando o mundo. Entretanto, a ascensão e queda de inúmeras grandes empresas (Sears, Kodak, Blockbuster, Nokia, entre outras), mostram que algum fundamento ou princípio de gestão de negócios não foi observado.

Em contraste e de forma instrutiva, o sucesso das empresas como a Intel, a Oracle, a Apple, a Microsoft, a Amazon, a Google, o Airbnb, a Netflix, a Alibaba, entre outras, mostram que suportando o crescimento exponencial havia um pensamento de longo prazo e uma estratégia empresarial.

Como mencionamos, a mentalidade *agile* mostra como a criação de uma estratégia é emergente, exige experimentação e se ajusta continuadamente em uma sociedade que muda rapidamente.

Há também uma importante questão não respondida: inúmeras pesquisas mostram que a implementação da estratégia é uma prioridade dos CEOs, de várias empresas. Entretanto, por que somente um pequeno percentual de empresas tem sucesso com a implementação de seu plano estratégico? Qual é a *causa raiz* do problema? Será que as diferentes respostas a essa questão não revelam os efeitos e nem as causas desta situação?

Com a finalidade de estimular a melhor análise sobre essas questões, gostaríamos de mencionar que em nossos trabalhos sobre estratégia empresarial notamos alguns fatos que merecem destaque (mas não esgotam a questão):

- O desinteresse de alguns membros da alta direção e diretores de negócios com a estratégia competitiva da empresa. Para muitos executivos, a demanda da estratégia empresarial atrapalha as reuniões operacionais (e burocráticas) e sobrecarrega suas equipes com mais trabalho.

- A falta de sincronia entre os desafios do negócio e o usual calendário de planejamento estratégico das empresas. Por que concentrar o plano estratégico no último trimestre do ano? Não há oportunidades de negócios nos nove primeiros meses do ano? Não há inovações a serem adotadas? As dores, as necessidades e as aspirações dos clientes ficam adormecidas durante esse período do ano?

- A ausência de uma abordagem, de uma metodologia, ou ainda, uma orientação organizacional sobre como formular, implementar e monitorar a estratégia empresarial. Além disso, frequentemente, o grupo que participa das reuniões de estratégia não tem um conhecimento holístico do negócio e não está capacitado na abordagem adotada.

- O elevado lapso de tempo existente para a análise do contexto do negócio, da definição do foco da empresa, da priorização das iniciativas organizacionais, da aprovação do orçamento estratégico (*Capex* e *Opex*) e do plano estratégico pela Diretoria Executiva ou pelo Conselho de Administração.

Essa situação é agravada pelo fato do não envolvimento de profissionais-chave desde o início do processo. Como alguém realizará uma iniciativa organizacional ou participará ativamente de um projeto se não contribuiu para sua definição e criação?

Para finalizar, a comunicação do plano estratégico para toda a organização apresenta inúmeras falhas. Poucos empregados sabem como o seu trabalho ou o trabalho de sua equipe contribuem para os resultados da empresa. Nessas condições, é relativamente fácil afirmar que o planejamento estratégico não tem mais utilidade.

Como resultado desse conjunto de fatores a formulação é lenta, e quando uma Estratégia Empresarial é finalmente aprovada, muitas vezes o processo demora entre quatro a seis meses e há o risco de a organização ter perdido o melhor *timing* do negócio.

A *janela de oportunidade* pode ter sido fechada. Esse gap entre pensamento e ação precisa ser superado. Em consequência, podemos parafrasear Ray Kurzweil, autor do livro A *Singularidade está Próxima:*

> **A Estratégia precisa ser Ágil**
> Uma estratégia precisa fazer sentido no mundo em que foi implementada, e, não, no mundo em que ela foi iniciada.

Daí a importância da abordagem da *Estratégia Empresarial Ágil* para a renovação e maior efetividade do processo estratégico da organização.

Nesse sentido, antes da definição da *Estratégia Empresarial Ágil*, vamos relembrar o que os três especialistas em gestão de negócios, Michael Porter, Stephen Bungay e Richard Rumelt, definem como estratégia. A finalidade é provocar novos *insights* e enfatizar a importância das clássicas abordagens de estratégia.

Para Michael Porter, referência mundial sobre o tema: **"A estratégia competitiva consiste em ser diferente, em se diferenciar. Isso significa escolher deliberadamente um conjunto diferente de atividades, em relação aos concorrentes para fornecer um mix único de valor."**

Mas, ser diferente não é um conceito genérico ou abstrato. Como Porter faz questão de ressaltar: *"Ser diferente significa fornecer para os clientes um valor único que os concorrentes dificilmente conseguem igualar. Consiste também em fazer trade-offs competitivos, isto é, a essência da estratégia é escolher o que não fazer."*

Inúmeros gestores imaginam que sua responsabilidade e de seus colaboradores, é realizar um grande número de atividades. Porém, realizar uma atividade não significa que ela produzirá um resultado ou criará valor.

Dada a importância de Porter, vale a pena compartilhar sua definição de estratégia: "é um conjunto de escolhas integradas que definem como uma organização alcançará desempenho superior em face da competição". Lembrando que, para ele, desempenho superior significava um retorno sobre o investimento acima da média do mercado a longo prazo.

Stephen Bungay é um conhecido historiador de estratégia e de estratégia militar autor do livro, *The Art of Action* (traduzido no Brasil como, *O Melhor Ataque é a Execução)*, apresenta excelentes ideias e *insights* sobre a ação estratégica e a importância da rápida resposta dos estrategistas face das rápidas mudanças no ambiente dos negócios.

Ao iniciar o processo de estratégia, é preciso fazer uma distinção entre operações e estratégia:

- **Operações** refere-se a *fazer bem as coisas*, é a eficiência operacional. Uma característica essencial da operação é a existência de uma certa previsibilidade. As pessoas já sabem o que precisam fazer, existe toda uma descrição do trabalho a ser feito e há um controle das atividades. Porém, o alto volume de tarefas não significa entrega de resultados ou criação de valor.

- **Estratégia** diz respeito a fazer as coisas certas entre diferentes opções, é a eficácia. A estratégia é emergente, é oportunística e convive com as incertezas. Não é possível prever os resultados de uma estratégia senão após sua realização. É esta constatação que incomoda os tomadores de decisão.

Em suas análises e apresentações, Bungay faz um alerta: *"não controle mais do que o necessário, nem planeje além das circunstâncias que você pode prever."*

Ele é um crítico dos executivos que se apegam a uma das abordagens tradicionais de planejamento estratégico e de gestão estratégica, imaginando que estratégia se resume ao preenchimento de espaços em branco em uma folha de papel. Segundo Bungay:

"Muitas ferramentas de desenvolvimento de estratégia — mais conhecidas como os modelos de cadeia de valor e as cinco forças de Porter, as matrizes para a identificação do posicionamento competitivo utilizadas pelo BCG ou pela McKinsey, análises de custo, curva de oferta, segmentação de mercado e assim por diante — são, na verdade, ferramentas para analisar a situação e tentar descobrir o que leva ao sucesso. *Embora úteis, elas não produzem estratégias.*"

Outra reflexão a ser feita é: *onde estão as pessoas nas abordagens de estratégia clássica?*

Sem dúvida, uma das principais falhas nas consagradas metodologias de gestão estratégica, ou melhor ainda, a principal ausência são as pessoas, o fator humano da estratégia. Procure as pessoas — ou mesmo, os estrategistas — e raramente elas serão encontradas nas abordagens. As palavras mais frequentes são produto, mercado, forças competitivas, pontos fortes, pontos fracos, vantagem competitiva, entre outras.

Porém, a estratégia é *uma intenção* que se origina de um propósito de uma ou mais pessoas. Em consequência, a estratégia precisa ser formulada como uma *intenção* — e não como um *plano*. Essa é a principal armadilha em que inúmeros empresários, executivos e gestores de uma empresa, caem. Elaborar o **plano estratégico** e o orçamento é o suficiente.

A estratégia ao ser confundida com um plano gera mais uma questão a ser abordada: a lacuna entre a formulação e a execução. Quer dizer, a alta direção, de forma restrita e confidencial, formula a estratégia e depois de algum tempo diz aos gestores e colaboradores o que eles devem fazer, além de suas atividades operacionais do dia a dia.

Conforme nos explica mais uma vez, Bungay:

O Significado de Estratégia para Bungay

"Em vez de um plano, *uma estratégia é um quadro de referência para a tomada de decisões*. É uma escolha original referente à direção, que possibilita escolhas subsequentes referentes à ação. Ela prepara a organização para fazer essas escolhas. Sem uma estratégia, as ações realizadas por uma organização se degeneram em conjuntos arbitrários de atividade."

Além disso, o *gap* existente entre a formulação e a execução é ampliado quando a empresa define uma área específica para ser responsável pelo planejamento estratégico. Esse fato passa uma clara e falsa mensagem para os gestores e colaboradores: o responsável pela formulação e execução da estratégia não são vocês, mas, sim, a área de planejamento. Em consequência, os executivos, gestores e colaboradores não se sentem responsáveis pelos resultados: se não der certo a responsabilidade é dos *caras* da estratégia.

As consequências da persistente separação entre formulação e execução e a terceirização da estratégia para uma área específica, podem ser resumidas nas seguintes lacunas:

- Lacunas entre o *plano* e as *ações*.
- Lacunas entre *resultados desejados e resultados efetivos*.

Em síntese, (Figura 39) **no processo de planejamento estratégico tradicional, é possível identificar três lacunas: entre os planos, as ações e os resultados alcançados.**

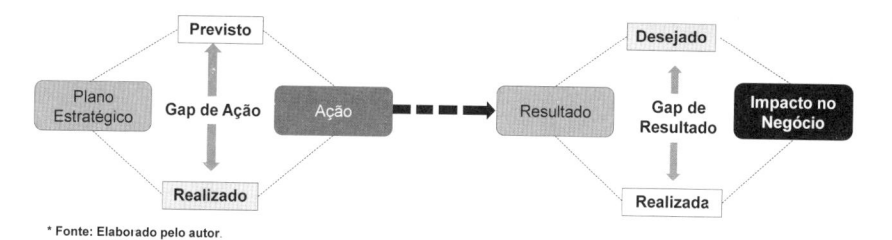

*Fonte: Elaborado pelo autor.

Figura 39: Fluxo de Valor: de Plano, Ação e Resultado.

Neste fluxo de valor do plano para a ação e para aos resultados e seus impactos no negócio (positivo ou negativo), precisamos também considerar a **incerteza**. A estratégia empresarial é construída num contexto de incertezas e necessidade de rápida adaptação às novas situações.

A relação entre plano/ação/incerteza foi articulada por *Helmuth von Moltke* quando escreveu: "Nenhum plano de batalha sobrevive ao contato com o inimigo." A mensagem de von Moltke foi assimilada e aplicada no mundo dos negócios e das startups por Steve Blank, conforme recomendou aos empresários e executivos:

> "Nenhum plano de negócios sobrevive ao primeiro contato com o cliente."

Isto significa que um *plano* (estratégico) ou um *objetivo* (estratégico) será realizado, num contexto de incertezas, como é a atual era da *Revolução Industrial e Social 4.0*.

A necessidade de preparação, reflexão, imaginação e criação de um plano em condição de incertezas contínuas tem como efeito o distanciamento, o desinteresse e mesmo a alegação da falta de tempo para a elaboração de uma consistente estratégia empresarial.

Outro fato recorrente (ou desculpa) é a afirmação de que nem sempre há as informações necessárias para a formulação e implementação do planejamento estratégico. Porém, mesmo quando há uma significativa quantidade de informações, não há garantia do sucesso. Inúmeros estudos mostram que as informações existentes em uma organização estão sujeitas à diferentes interpretações, motivações e *mindset* prevalecentes pelos tomadores de decisão.

27. O CONTRASTE ENTRE: ESTRATÉGIA *BOA* E ESTRATÉGIA *RUIM*

Na atual era da revolução digital, das inovações disruptivas e das organizações exponenciais, o *timing* da estratégia é diferente e precisa ser ágil.

Entretanto, essa agilidade exige clareza e objetividade, nem sempre presente no processo de planejamento estratégico de inúmeras organizações.

Além disso, expõe um antigo problema da estratégica empresarial: a confusão existente entre o conceito de estratégia e o conceito de *planejamento*. Infelizmente, essa falta de clareza vem acompanhando inúmeras empresas nos últimos anos.

Esta deficiência já havia sido apontada pelos especialistas a muito tempo. *Henry Mintzberg*, em 1994, já alertava para o risco de confundir o planejamento com a estratégia. Em seu clássico livro, *Ascensão e Queda do Planejamento Estratégico* resumiu as discussões da seguinte forma:

> **Planejamento não significa estratégia**
>
> O planejamento, pela sua própria natureza, não cria a estratégia. Ele operacionaliza uma estratégia já existente na organização — muitas vezes desatualizada.

Mintzberg é um crítico implacável da sabedoria convencional e das ideias superficiais. Para ele, *"o termo planejamento estratégico é equivocado"*. É um *oxímoro*, isto é, uma expressão com sentido duvidoso, como, por exemplo, bagunça organizada, customização massificada, camarão gigante, silêncio ensurdecedor, ou apressa-te devagar. Essas palavras podem ser divertidas, mas não ajudam para o melhor entendimento sobre estratégia.

Ao contrário, essa confusão entre estratégia e planejamento resultou na separação entre a formulação e a execução da estratégia e todos os problemas que este fato acarreta. Uma estratégia não pode ser separada da ação. Ela exige clareza, e a expressão *planejamento estratégico* não apresenta clareza. Então, como as pessoas serão motivadas se a ideia apresentada é confusa? Como elas saberão como se engajar e entregar resultados?

Esse quadro de confusão de conceitos, separação entre pensamento (estratégia) e ação (implementação), sem mencionar a lentidão do processo e a falta de capacitação das pessoas sobre a metodologia, colocou o planejamento estratégico em xeque.

O principal impacto deste fato é a dificuldade na implementação da estratégia. Inúmeras pesquisas mostram que este é um dos principais desafios dos CEOs e dos diretores das empresas. É também relativamente pequeno o percentual de empresas com sucesso em suas iniciativas.

Nesta situação, é possível segmentar as empresas em dois grupos: as bem-sucedidas e as empresas frustradas com o processo de planejamento estratégico. É o que Richard Rumelt, um dos mais consagrados pesquisadores de estratégia de negócios, denomina de estratégia boa × estratégia ruim, em seu livro com o mesmo título, publicado em 2011.

Os responsáveis pela estratégia empresarial (no conceito de *accountability*) frequentemente pulam o aspecto mais difícil e desagradável associado ao desafio do negócio. Elaboram estratégias empresariais superficiais, sem o entendimento de seu real significado. Acham que uma estratégia se limita a uma direção (abstrata). É uma ideia de estratégia desvinculada da ação, que é elaborada sem uma intenção, sem um propósito. É o que Rumelt denomina de **estratégia ruim**.

As pessoas responsáveis pela elaboração de uma estratégia empresarial precisam reconhecer quais são os desafios e descobrir formas de superá-los. Para Rumelt, o núcleo do *trabalho* de estratégia "é descobrir os fatores críticos em uma dada situação e conceber um meio de coordenar e focar as ações para lidar com esses fatores."

Uma *Estratégia Ruim* apresenta as seguintes características que devem ser evitadas:

a. Usa palavras convencionais, superficiais, clichês e chavões da moda.

b. Não é capaz de identificar os desafios do negócio ou o *gap* de desempenho a ser superado.

c. Confunde metas e listas de desejos dos executivos com estratégia, levando a organização, muitas vezes, à complexidade desnecessária.

d. Apresenta objetivos ruins, mal elaborados e incoerentes em relação às exigências do negócio. Além disso, os gestores assumem que os objetivos é tudo o que a organização necessita para ter sucesso.

e. Ela é elaborada, de forma casada, com o período de orçamento anual da empresa, ignorando a dinâmica contínua dos negócios, ficando dependente e refletindo o orçamento financeiro, quando deveria ser o contrário.

A principal consequência de uma *estratégia ruim* é que elas fracassam de dentro para fora, isto é, no interior da organização, nos permitindo afirmar, que há sabotadores da estratégia, nas diferentes áreas funcionais.

O oposto da **estratégia ruim** é a **estratégia boa** (*good strategy/bad strategy*). Segundo Rumelt, "a estratégia boa é uma abordagem que amplia a eficácia das ações, encontrando e utilizando as fontes de poder." A estratégia boa não significa um direcionamento geral e abstrato. Ela deve levar as pessoas à ação rápida.

A *estratégia boa* é suportada por *insights* e análises criativas do ecossistema dos negócios. Ela é um conjunto integrado e coerente de ações, ajudando as pessoas a descobrirem oportunidades ocultas em uma situação.

Rumelt também nos alerta para evitar a sabedoria convencional e o modelo mental fixo de algumas organizações, aceitos sem muita reflexão: uma lista de objetivos é tudo o que você precisa para ter sucesso. Porém, os objetivos e os resultados devem ser definidos após o entendimento do propósito e da estratégia empresarial.

A estratégia também não significa palavras de ordem, exortações dos líderes, que parecem mais mensagens de autoajuda e levam à pseudomotivação. A *estratégia* é sim, uma resposta sobre como a organização crescerá de forma sustentável, criando valor para os *stakeholders* e riqueza para a sociedade.

No âmago de uma *estratégia boa* existem três elementos: um diagnóstico da situação, uma diretriz, uma orientação sobre a tomada de decisão e ações coerentes, que, numa linguagem atual, significa a definição de Objetivos e Resultados-Chave.

Uma estratégia envolve escolhas difíceis da alta direção e o foco no que é efetivamente prioritário. Significa descobrir as oportunidades emergentes, desativar operações não lucrativas e entender quais são os gargalos que prejudicam a obtenção de resultados e a criação sustentável de valor. A definição de estratégia de Rumelt é inspiradora:

> **O Significado de Estratégia para Rumelt:**
>
> "A estratégia deve significar uma resposta coesa a um desafio importante. Diferentemente de uma meta ou decisão isolada, a estratégia é um conjunto coerente de análises, conceitos, políticas argumentos e ações que respondem a grandes desafios."

Dessa forma, a estratégia empresarial procura solucionar um desafio de negócio, num ambiente em contínua evolução. Ela revela a capacidade de uma organização de agir tanto a partir de fatores conhecidos como desconhecidos — o que gera desconforto para inúmeros membros da alta direção da empresa. É, nesse contexto, que a ideia de *Estratégia Empresarial Ágil* ganha importância, conforme já mostramos.

Com todas essas transformações em curso, a abordagem dos **OKRs** e a Estratégia Empresarial Ágil geram mais um desafio para os dirigentes, gestores e colaboradores de uma empresa: a *Área de Recursos Humanos precisa se adaptar à nova realidade dos negócios* e ser reinventada.

28. OS *OKRS* E A REINVENÇÃO DA ÁREA DE RECURSOS HUMANOS

Os **OKRs** dividem o foco na gestão do desempenho, na transparência dos objetivos, na *accountability* em todos os níveis hierárquicos e na motivação e engajamento das pessoas traz consigo, a necessidade da *Área de Recursos Humanos* se reinventar.

A questão foi bem colocada por John Doerr, quando afirmou: "Para as empresas que estão migrando para o gerenciamento contínuo de desempenho, o primeiro passo é reto e direto: divorciar a remuneração (aumento e bônus) dos **OKRs**. Estas devem ser duas conversas distintas, com cadências e calendários próprios. A primeira é uma avaliação retrospectiva, normalmente realizada no final do ano. A segunda é um diálogo contínuo e prospectivo entre líderes e colaboradores."

Este é um grande desafio, porque os colaboradores de um modo geral, observam com desconfiança o atual trabalho do *RH*, conforme está estruturado. Os profissionais da área necessitam, cada vez mais, possuir uma visão estratégica do negócio, indo muito além das atividades administrativas e burocráticas que realizam. Em especial, pesquisas internacionais mostram dois pontos, que preocupam os dirigentes das maiores empresas de diferentes regiões do mundo:

a. É preciso confiar e capacitar as pessoas, visando o engajamento e a consecução de resultados empresariais.

b. A cultura organizacional é tão importante quanto a estratégia e as tecnologias digitais para o sucesso dos negócios.

Nesse sentido, a *Área de Recursos Humanos* pode e deve desempenhar um importante papel na transformação das organizações nesta era das inovações digitais e sociais. Além disso, também chama a atenção dos dirigentes, o fato de as empresas vivenciarem o fenômeno denominado de *era do desempenho*.

Porém, a maioria das pessoas não está satisfeita com os atuais modelos de gestão do desempenho, conforme acentuou Laszlo Bock, vice-presidente de *Operações de Equipe da Google* em seu livro, *Work Rules!* (Traduzido no Brasil como *Um Novo Jeito de Trabalhar*). Note um fato curioso: a Google não utiliza a denominação *Recursos Humanos*, mas, sim, de Operações em Equipe (*People Operations*) para valorizar o trabalho das equipes de profissionais da corporação.

De acordo com os dados de pesquisa realizada pela Google, e compartilhada por Laszlo Bock, essa insatisfação pode ser demonstrada pelos seguintes indicadores:

- 58% dos entrevistados classificam o sistema de avaliação de suas empresas com a nota C.

- 47% acharam que o sistema ajudava a organização a alcançar seus objetivos estratégicos.
- 30% sentiam que os funcionários não confiavam no sistema de avaliação.

Vale ressaltar que mesmo na Google, o grau de satisfação com o modelo de avaliação de desempenho é de 55%, entre os *googlers*.

Então é a hora de rever os fundamentos da *Área de Recursos Humanos*. Sua responsabilidade deve ser de formar e capacitar as pessoas para fechar a lacuna existente entre a formulação da estratégia e sua implementação pela equipe de colaboradores da empresa.

O *RH* precisa desempenhar cada vez mais um papel estratégico nas organizações. Os profissionais da área devem conhecer o negócio, os clientes, os fornecedores, os concorrentes e a tecnologia utilizada. Somente assim, poderão contribuir para a implementação das melhores práticas de negócio, em especial, os **OKRs**.

Porém, também é preciso ressaltar outro problema revelado pelas pesquisas. As pessoas não estão insatisfeitas somente com o sistema de avaliação do desempenho, as pessoas também estão desmotivadas em relação ao seu trabalho nas organizações.

Segundo a pesquisa mundial do *Gallup: State of the Global Workplace* de 2016, o número de pessoas não engajadas no trabalho chama a atenção, como mostram os seguintes números referentes ao Brasil:

- 29% dos empregados são **engajados**.
- 58% dos empregados são **não engajados**.
- 13% dos empregados são **ativamente desengajados**.

É evidente que existem pessoas desmotivadas no trabalho, inclusive na Google ou em outras empresas do Vale do Silício. Assim sendo, o que é preciso fazer para alterar esta situação?

Segundo nosso entendimento, os líderes e os gestores ao escolherem os **OKRs** podem contribuir, em muito, para melhorar a motivação e o engajamento das pessoas, considerando as seguintes premissas:

a. O entendimento do *Propósito* da organização fornece um sentido para todos os colaboradores. Saber qual é o *propósito* e o *porquê* das escolhas é essencial para a definição dos objetivos da empresa.

b. O *Propósito* e o *porquê* são o ponto de partida para a definição da *Estratégia*, o como a organização chegará ao seu destino estratégico.

c. O *Propósito* e a *Estratégia* devem preceder a definição dos *Objetivos*. A sequência a ser adota é: o Propósito orienta a Estratégia, que por sua vez direciona a definição dos Objetivos e dos Resultados-Chave.

d. A recomendação da separação entre a avaliação de desempenho e o sistema de remuneração. A finalidade é evitar que os gestores se concentrem nos negócios atuais, mesmo quando há oportunidades promissoras que podem colocar em risco o valor do bônus e gratificações vigentes.

Essas considerações não significam afirmar que o reconhecimento e a concessão de bônus e gratificações não sejam importantes para as pessoas. Sim, são importantes, mas refletem a *motivação extrínseca* e não a *motivação intrínseca*, considerada essencial para o genuíno engajamento com os propósitos da organização.

Porém, como mostra a experiência da própria Google, a concentração da atenção da organização no *crescimento pessoal* dos empregados, é muito mais importante que a remuneração em si. Essa prática contribui para a melhoria do desempenho no trabalho e essa postura é melhor do que focar nas avaliações e as recompensas.

Na medida em que as pessoas sabem qual é o *Propósito Transformador*, a *Missão*, a *Visão* e o alinhamento entre os *Valores da Empresa* e os *Valores Individuais*, existe um ambiente que estimula a motivação intrínseca, fazendo com que os colaboradores sintam-se engajados com a finalidade do negócio.

Além disso, de acordo com a abordagem dos **OKRs**, como os empregados participam da definição dos objetivos individuais, das equipes e do departamento eles sabem qual deve ser a sua contribuição para os resultados do negócio. Dessa forma, eles estão intrinsecamente motivados com a implementação das iniciativas da organização, seja no atingimento dos objetivos, ou ainda, na implementação da estratégia empresarial.

Neste texto, não queremos esgotar o assunto no qual inúmeros especialistas estão criando novos conceitos e metodologias. Porém, na reinvenção da *Área de Recursos Humanos* existe uma série de fatores igualmente importantes.

Na Era da Revolução Industrial e Social 4.0, as empresas necessitam de profissionais criativos, familiarizados com as novas tecnologias, com espírito empreendedor e visão de negócios. Isto, como já mencionamos, altera significativamente o papel da Área de Recursos Humanos e também precisamos considerar:

- Contratar as pessoas com o perfil certo para o negócio e serem tecnicamente qualificados.
- Possuir um sistema de recrutamento, avaliação e incentivos diferentes dos modelos tradicionais.
- Oferecer um sistema de reconhecimento e recompensas, não somente com foco financeiro.
- Contribuir para a elaboração de um propósito inspirador, que promova um engajamento das pessoas com a organização.

Outro ponto crítico é a necessidade de perceber e avaliar o encaixe entre a equipe de profissionais (atuais e a serem contratados) com os valores, a cultura da organização e que saibam trabalhar de forma colaborativa.

Conforme destacado por John Doerr: "No atual mundo da inovação e das tecnologias digitais, a gestão anual do desempenho não faz mais sentido. É preciso praticar uma *gestão contínua do desempenho*."

O rápido apelo para a colocação dos planos em ação imediata, o encadeamento dos trabalhos em equipe e o timing trimestral das metas exigem uma *avaliação contínua do desempenho*. O teste das hipóteses e a entrega de resultados não podem esperar um ano para serem avaliados.

A gestão contínua do desempenho para ter aceitação na organização depende de três requisitos: o apoio de uma liderança empreendedora e engajada, uma clareza das prioridades e dos objetivos da empresa e seu alinhamento com o trabalho individual e a capacitação e o treinamento das pessoas, de preferência no próprio local de trabalho.

Veja a seguir (Figura 40), a diferença existente entre as duas formas de avaliação do desempenho — o anual e o contínuo — conforme explicado por John Doerr.

Avaliação Anual do Desempenho	Avaliação Contínua do Desempenho
Feedback anual	Feedback contínuo
Vinculado à remuneração	Desvinculado da remuneração
Direcionador / autocrático	Orientador / democrático
Baseado em pontos fracos	Baseado em pontos fortes
Inclinado ao viés	Direcionado por fatos

*Fonte: John Doerr. Avalie o que importa.

Figura 40: Comparação entre gestão anual do desempenho e gestão contínua do desempenho.

Conforme relatada por empresas que tiveram sucesso na implementação dos **OKRs**, a avaliação contínua do desempenho proporciona inúmeros benefícios: os objetivos são cocriados pelos responsáveis pelos resultados, motivam o engajamento das pessoas, promovem o networking interno, superando os silos organizacionais e dá agilidade ao processo de tomada de decisão em todos os níveis da empresa.

A gestão contínua do desempenho está alinhada com a observação de Peter Drucker: "sem um plano de ação, o executivo se torna um prisioneiro dos acontecimentos. E sem Check-ins para reexaminar o plano à medida que os acontecimentos se desenrolam, o executivo não tem como saber quais eventos realmente importam e quais são apenas ruídos". Isso leva uma reflexão para todos os colaboradores da empresa, inclusive para a área de recursos humanos: O que aprendemos de relevante neste trimestre? O que nós não previmos no início dos trabalhos? Quais são as lições aprendidas para o futuro?

Concluindo, as vantagens da abordagem dos **OKRs** em relação a outras metodologias de avaliação do desempenho das organizações é que todos sabem quais são os seus objetivos e de seus pares e também quais resultados devem entregar para o sucesso da empresa.

Capítulo 7

As Lições sobre Estratégia das Empresas que Adotam os OKRs

1ª. "Passamos inúmeras horas discutindo estratégia com nossas equipes. Essa é uma experiência da qual em algum momento você vai acabar gostando assim que tiver reunido um grupo de criativos inteligentes e estiver pronto para analisar criticamente os fundamentos do seu empreendimento."

2ª. "Não ousaremos lhe dizer como criar um plano de negócios. Contudo, podemos afirmar com 100% de certeza que, se você tiver um plano, ele está errado. Plano de negócio no estilo MBA *sempre* tem alguma falha inerente, mesmo os bem concebidos e pensados... Por isso um investidor sempre seguirá a máxima de investir na equipe, não no plano. Como o plano está errado, as pessoas têm que estar certas. Equipes bem-sucedidas notam as imperfeições no plano e se ajustam."

3ª. "É ótimo ter um plano, mas saiba que ele mudará conforme você progride e descobre novas coisas sobre os produtos e o mercado. Essa reação rápida é fundamental para o sucesso, mas as fundações do plano são tão importantes quanto.

> *4ª. As mudanças tectônicas impulsionadas pela tecnologia, que caracterizam o Século da Internet, tornaram incorretos alguns dos fundamentos estratégicos mais difundidos na faculdade e no trabalho. Desse modo, embora seu plano possa mudar, ele precisa ser baseado em um conjunto fundamental de princípios que esteja enraizado na forma como as coisas funcionam hoje e direcione seu plano rumo ao sucesso à medida que ele se adapta às mudanças. O plano é fluído; a fundação, estável."*
>
> *5ª. "A Estratégia certa tem uma beleza em si, uma sensação de que muitas pessoas e ideias trabalham em conjunto para dar certo."*

(Frases de Eric Schmidt e Jonathan Rosenberg, *Como a Google Funciona*, 2014).

29. OS *OKRS* PRECISAM REFLETIR A ESTRATÉGIA EMPRESARIAL

Como vimos destacando, este livro não tem por finalidade abordar as diferentes e tradicionais metodologias existentes sobre a estratégia empresarial, o planejamento estratégico e a gestão estratégica. Entretanto, não é possível apresentar a abordagem dos **OKRs**, sem considerar alguns dos fundamentos dos negócios e da estratégia empresarial que consideramos importante para o leitor.

Nesse sentido, antes de prosseguir, vamos fazer algumas considerações que também podem ser consideradas como alertas para os novos empreendedores da Era Digital:

- **a.** É preciso aprender com os erros e com as lições aprendidas das empresas pontocom.
- **b.** As tradicionais metodologias de gestão precisam ser ajustadas para a Era Digital.
- **c.** As empresas que são referência na utilização dos **OKRs** fornecem importantes lições sobre estratégia.

Os **OKRs** são um novo conceito de gestão de negócios em evolução e com crescente adoção por inúmeras empresas, independentemente do setor de atividade, porte, ou ainda, se são negócios de tecnologia.

Como já mencionamos, para o melhor entendimento da abordagem, os **OKRs** devem ser considerados como uma combinação da mentalidade empreendedora, da utilização inteligente das tecnologias digitais e de um novo significado da estratégia empresarial.

Não estamos afirmando que as consagradas metodologias de gestão de negócios estão superadas e não são mais válidas. Mas sim, que para serem efetivas elas precisam ser atualizadas e contextualizadas.

Assim como a mídia digital não eliminou a mídia impressa, o E-commerce não eliminou as lojas físicas, a educação à distância não eliminou o ensino presencial, as novas abordagens de gestão não eliminam os clássicos conceitos de estratégia empresarial. Ao contrário, as novas abordagens de negócios da era digital podem se beneficiar dos clássicos conceitos de gestão empresarial.

Vale mencionar que as tradicionais abordagens de administração de empresas foram desenvolvidas para atender, principalmente, às necessidades dos dirigentes das empresas já estabelecidas e as grandes corporações.

Em contraste como o que a história dos negócios nos mostra, a criação, o desenvolvimento e a utilização dos **OKRs** está associado ao surgimento das startups de tecnologia, que se transformaram em *organizações exponenciais*, como mostram os cases de sucesso de sua implementação: a Intel, a Google, a Amazon, a Microsoft, a Netflix, o Spotify, a Uber, o LinkedIn, a Tesla, entre outros.

Porém, antes de continuar é importante alertar os jovens empreendedores da Era Digital com boas ideias de negócios, e que, talvez, não se interessem e valorizem alguns dos importantes conceitos de gestão de negócios. O exemplo mais emblemático, com inúmeras lições aprendidas é a **bolha das empresas pontocom em março dos anos 2000**.

A. Aprendendo com os erros das empresas pontocom

A rápida referência à *Estratégia Empresarial*, em inúmeras ofertas dos **OKRs**, podem transmitir a falsa impressão que os fundamentos da estratégia não são mais tão importantes nesta era das tecnologias digitais. Parece a repetição de um filme já assistido.

Durante a fase de elevado crescimento das *pontocom*, entre 1995 e 2000, onde a criação de empresas da garagem para os sites viralizou, os jovens empresários achavam que a estratégia e os fundamentos de negócios não eram necessários.

Havia uma grande euforia com as novas empresas de tecnologia — *como observamos atualmente com a rápida proliferação das* startups. O ciclo do sucesso parecia fácil: tenha uma ideia na cabeça, coloque um site no ar, faça o *IPO* e *get rich fast*. A inspiração era o grande sucesso do *IPO* da *Netscape*, ocorrido em 9 de agosto de 1995. Entre os anos 1997 e 2000, foram criadas 1.649 empresas de tecnologia, listadas na *Nasdaq* que conseguiram captar US$316,5 bilhões no período.

Os novos empreendedores se inspiraram e queriam repetir os exemplos da Apple, da Microsoft, da Intel, da Amazon, do Ebay, do Yahoo!, da Cisco, entre outras. O lema da época era: "A internet muda tudo." Então, por que perder tempo na elaboração de um *business plan* e de uma estratégia? O importante era colocar rapidamente o site no ar para conquistar clientes e gerar receitas.

O lucro, a geração de caixa e a criação de valor econômico agregado não eram importantes. A definição dos objetivos era simples e rápida: elevar o número de visitantes no site, possuir uma grande quantidade de clientes exclusivos e melhorar o índice *click-through* (número de vezes que os usuários selecionavam o conteúdo de um anúncio ou link).

Para inúmeros analistas da bolsa de valores, o mais importante na nova economia digital era o rápido crescimento das receitas (*get big fast*) mesmo que para isso, as *pontocom* apresentassem contínuos prejuízos. O acesso de capital era fácil e o indicador mais importante era o *burn rate*, isto é, a velocidade com que um investimento era gasto para o desenvolvimento do novo negócio.

O final da história todos conhecem. A *exuberância irracional* levou ao estouro da bolha da internet, a partir de março dos anos 2000, quando uma multidão de acionistas colocaram à venda seus lotes de ações porque suas expectativas de lucro não aconteceriam. Milhares de empresas *pontocom* quebraram, gerando uma nova crise econômica.

Empresas que operavam de acordo com os fundamentos de gestão empresarial sobreviveram, como por exemplo, a Yahoo, a Amazon, o Ebay e o Paypal. Curiosamente, a Google como uma empresa nascente (a fundação ocorreu em 04.09.1998) tirou proveito da situação, contratando posteriormente inúmeros profissionais com excelente formação em tecnologia e ciências da computação.

Estamos realizando esse breve comentário sobre a *Bolha da Internet*, porque queremos alertar sobre o risco de algo parecido ocorrer com as empresas que estão implementando os **OKRs**, sem levar em consideração os fundamentos de negócio e de estratégia empresarial.

Michael Porter, em seu seminal artigo, *Estratégia e Internet*, publicado na *Harvard Business Review,* realizou importantes comentários sobre a introdução de uma nova tecnologia e seu impacto na estratégia. De acordo com Porter: ***a ausência de uma consistente estratégia competitiva levou a quebra das pontocom***. De acordo com suas palavras: "Muitos dos pioneiros nos negócios de internet, tanto as *dotcoms* como as empresas estabelecidas, competiram de uma maneira que viola todos os preceitos da boa estratégia. Em vez de focar nos lucros, tentaram a todo o custo, maximizar as receitas e a participação de mercado, perseguindo os clientes indiscriminadamente, através de descontos, promoções, incentivos de canal e pesada publicidade."

E, em seguida, conclui: "Ter uma estratégia é uma questão de disciplina. Ela requer um foco rígido na lucratividade em vez de somente no crescimento, uma habilidade em definir uma proposta única de valor e uma predisposição em tomar decisões difíceis sobre o que não fazer. Até durante os momentos turbulentos, a empresa precisa permanecer no rumo aprimorando e ampliando seu posicionamento diferenciado."

O aprendizado com as *pontocom* que quebraram, nos leva a uma reflexão sobre a necessidade de ajustes e adaptações para o emprego das metodologias de gestão de negócios na Era Digital. Ensinam, acima de tudo, que os fundamentos de negócios são essenciais mesmo para os empreendedores que não tenham formação em administração, e nem considerem que a boa gestão da empresa não seja sua responsabilidade.

B. A Gestão Tradicional precisa se ajustar para a Era Digital

Como já destacamos inúmeras vezes, no atual momento da era das tecnologias digitais, das inovações disruptivas, da valorização das startups e da mentalidade ágil, não há dúvidas que as tradicionais metodologias de gestão estratégica e, principalmente, o planejamento estratégico necessitam de uma série de ajustes para sua melhor utilização, em especial:

- Os atuais ciclos de planejamento estratégico são longos. Em algumas empresas sua elaboração demora de quatro a seis meses. O novo tempo precisa ser reduzido para, no máximo, de dois a três meses.

- A *análise SWOT* – Pontos Fortes, Pontos Fracos, Oportunidades e Ameaças embora seja importante não gera, por si mesma a estratégia empresarial. Aliás é comum muitos gestores confundirem a *Análise SWOT* com planejamento estratégico, o que é um equívoco.

- A *Análise PESTEL* – Política, Economia, Sociedade, Tecnologia, Ambiente, Legislação precisam ser traduzidas em ações concretas e imediatas — e não funcionar como um pano de fundo abstrato.

- A *Análise Competitiva* é essencial, porém, não pode nos levar a cair na armadilha de concentrar o plano estratégico na superação dos concorrentes. A essência da estratégia é ser único para os clientes, por meio de uma consistente proposição de valores para eles.

- O Plano Estratégico é elaborado, muitas vezes, sem o envolvimento das pessoas que terão a responsabilidade de realizar sua implementação. Quem for implementar deve participar das análises desde o primeiro dia de trabalho.

- Os participantes da equipe de Estratégia Empresarial, nem sempre conhecem ou são capacitados na metodologia a ser utilizada — o que é um fator crítico de sucesso.

- A atividade de elaboração do plano estratégico, é iniciada sem a definição do orçamento estratégico a ser investido nas iniciativas e nos projetos estratégicos.

- A priorização dos projetos estratégicos, a aprovação do plano estratégico pela alta direção e o início da implementação demora muito tempo e é lenta. Em consequência, algumas das premissas do plano no início dos trabalhos podem não ser mais válidas.
- A comunicação e a educação dos colaboradores sobre o plano estratégico é falha. A maioria dos empregados de inúmeras empresas não sabem qual é a estratégia de suas empresas.

Essas observações refletem diferentes pesquisas sobre a efetividade do plano estratégico e, também, nossa experiência em diferentes projetos de gestão estratégica. É importante ter conhecimento prévio desses problemas para tomar antídotos para a obtenção de melhores resultados.

Podemos afirmar que a descrença em relação ao processo de formulação, implementação e gestão da estratégia é devida a alguns desses fatores. Como resultado, existe uma certa desmotivação para a adoção da metodologia neste momento da transformação digital das empresas e da eclosão das startups.

Porém, como já mencionamos, as empresas que são cases de sucesso na utilização dos **OKRs** como a Intel, a Google, a Microsoft, a Tesla, o Facebook, entre outras, possuem uma consistente estratégia empresarial, com histórico de sucesso. Para demonstrarmos esse fato vamos adotar como referência a *Intel* e, principalmente, a Google para o qual há inúmeros estudos e referências sobre sua mentalidade estratégica, relatada por seus principais executivos.

30. A ESTRATÉGIA NAS EMPRESAS REFERÊNCIA EM *OKRS*

A. A experiência da Intel e do criador dos OKRs

A *Intel* é um excelente exemplo para a nova geração de empresários, empreendedores, diretores e colaboradores de uma empresa sobre a agilidade e a integração do processo da estratégia. Os sócios da empresa Robert Noyce,

Andrew Grove, Gordon Moore (criador da famosa lei que leva seu nome), em conjunto com a equipe altamente qualificada de tecnologia definiram as hipóteses estratégicas, o rápido teste de consistência, seus ajustes, sua implementação e validação de forma constante.

Não havia tempo a perder no emergente negócio de chips de memória e de microprocessadores. A rapidez da inovação era uma exigência da *Lei de Moore*. A cada um ou dois anos, era preciso lançar um novo produto no mercado. Podemos afirmar, que a estratégia era um modo de vida da *Intel* e de seus dirigentes.

A inovação tecnológica, a criação de novos produtos, o lançamento no mercado, a interação com os clientes e a pressão dos concorrentes acontecia com uma velocidade espantosa, mesmo para os dias de hoje. O *gap* existente entre um produto atual e um novo precisava ser reduzido a um tempo mínimo.

A estratégia não acontecia no futuro, mas no presente e em intervalos de tempo cada vez menores. O ciclo tradicional de planejamento estratégico era impensável para os profissionais da *Intel*. Eles conviviam diariamente sob o risco de uma inflexão estratégica, que poderia tirar a empresa do mercado rapidamente.

A *Intel*, sempre pressionada pela *Lei de Moore* e de novos entrantes no mercado, tinha uma visão do futuro, porém, o plano estratégico apresentava um *timing* anual. A estratégia significava um conjunto de ações prioritárias, quase imediatas, para a superação do gap existente entre o presente e o futuro.

Devido a essa pressão diária entre o presente/futuro, Andrew Grove afirmava que todos os negócios contém as sementes de sua própria destruição. Por esse motivo ele diz que somente os paranoicos sobrevivem. Isto é, as pessoas que possuem um ímpeto estratégico para saber como fazer as transformações que a empresa necessita, em curto prazo e de forma constante, mas com uma intenção estratégica de longo prazo. Nesse sentido, vale a pena relembrar como Andrew Grove, inicia seu livro *Só os Paranoicos Sobrevivem*: "Dou aulas de planejamento estratégico na faculdade de administração da Universidade de Stanford, como um desdobramento de meu trabalho como presidente e diretor executivo da Intel Corporation."

É muito revelador, o fato do criador dos **Objetivos e Resultados-Chave** possuir a mente do estrategista e conduzir a *Intel* a partir de um direcionamento estratégico, fortemente influenciado para a transformação do negócio e o lançamento de novos produtos em curto prazo, sem perder a perspectiva de longo prazo.

B. Lição sobre estratégia com o criador dos OKRs

Havia uma *estratégia dominante* na *Intel* compartilhada entre os dirigentes e a equipe altamente qualificada. O rápido lançamento de uma nova geração de produtos levaria a empresa à liderança de mercado.

A Estratégia Empresarial, claramente, precedia a definição dos Objetivos e dos Resultados-Chave da empresa. Porém, a estratégia (o ciclo do processo estratégico nas empresas) deve ser orientada para a ação, o mais rápido possível.

C. A Estratégia na perspectiva da Google, a nova geração dos OKRs

Enquanto a **Intel** era fortemente influenciada pela *Lei de Moore*, Larry Page e Sergey Brin, os futuros fundadores da startup denominada Google, estavam concentrados em como criar um *mecanismo de busca por meio de links na internet*.

Eles eram estudantes do curso de pós-graduação em ciências da computação, na Universidade de Stanford. Conheceram-se em 1996 e tinham algo em comum, o desejo de iniciar um novo negócio e não somente concluir suas teses de doutorado.

Porém, os jovens estudantes enfrentavam um desafio: mas por que *busca*? Naquele momento as apostas e as novidades eram os *portais da internet*. O Alta Vista, o Yahoo!, o Excite e o Lycos dominavam o mercado. Poucas pessoas tinham interesse pelas ferramentas de busca, um serviço também oferecido pelas empresas mencionadas.

A ideia de *busca* surgiu, literalmente, de um sonho de Larry Page: para melhorar as buscas e dar um significado a elas por que não fazer o *download* de toda internet em seu computador? A ideia era tão incrível, que muitos de seus colegas riram dessa possibilidade. Mas eles foram em frente, fizeram pesquisas e definiram o que fariam: "um protótipo de uma ferramenta de busca de grande escala, que faz grande uso da estrutura presente no hipertexto."

A dupla Page & Brin, como eram conhecidos, também perceberam o potencial da nova oportunidade de mercado. A internet já tinha dois grandes negócios: o primeiro era o *e-mail* já conhecido e explorado e o segundo era a *busca de informações*, que muitos consideravam uma *commodity* que não valeria a pena investir.

Nesse sentido, em 4 de setembro de 1998, em uma garagem, instalaram uma nova startup *do Vale do Silício*, a **Google Inc**., com a finalidade de ser a empresa da próxima geração de ferramentas de busca da internet.

Larry Page e Sergey Brin, com a fundação da Google, evidenciaram o âmago e o ***real significado da estratégia: tornar aquilo que é aparentemente impossível, em possibilidades reais***.

Mais ainda, a Google foi criado a partir de um propósito inspirador e uma missão extremamente ousada: "Organizar as informações do mundo e torná-las mundialmente acessíveis e úteis para todos."

Note que a declaração de missão da Google não menciona a palavra ferramenta de busca, o serviço, mas sim, o benefício que ela deseja proporcionar para clientes e para pessoas de qualquer região do mundo.

Para tornar realidade o propósito da startup, os fundadores precisavam de capital para a aquisição de centenas e milhares de computadores pessoais, com a finalidade de facilitar o processo de busca de informações. Então, eles decidiram fazer o mesmo que inúmeros empreendedores do *Vale do Silício* já tinham feito: captar recursos financeiros e capital dos amigos e familiares (o que maliciosamente é chamado de 3 Fs (FFF): *Family, Friends and Fools*.

Em seguida, entraram em contato com *Investidores Anjo e Fundos de Venture Capital*. O primeiro deles foi Andy Bechtolsheim, conhecido investidor em empresas do *Vale do Silício*, entre elas, a *Sun*. Page e Brin disseram a ele que tinham uma grande ideia de negócio para apresentar.

Numa linguagem atual, o **pitch-deck** dos fundadores da startup foi, resumidamente, o seguinte: *nós achamos uma maneira mais fácil de encontrar* *informações relevantes em menos tempo na internet.* O investidor ficou interessado, porque estava insatisfeito com as soluções oferecidas pelo *Alta Vista* e pelo Yahoo! Então, rapidamente, entregou um cheque de US$100 mil para os fundadores da Google.

No *road-show* que realizaram junto aos investidores, a dupla da Google conseguiu captar US$1 milhão, inclusive outro cheque de US$100 mil de Jeff Bezos, fundador da Amazon. Porém, apesar do contínuo aumento do número de buscas, as receitas da Google continuavam pequenas e o prejuízo crescente. Em 1999, as receitas atingiram US$220 mil, porém com um prejuízo de US$6,1 milhões. Page e Brin até pensaram em vender a Google por US$1 milhão e depois por US$750 mil, mas ninguém se interessou.

Do ponto de vista da *Estratégia Empresarial*, a Google não tinha descoberto um modelo de geração de receitas, ou melhor ainda, não existia um *Modelo de Negócio* para suportar o crescimento da empresa. Os fundadores acreditavam que à medida que o número de buscas crescesse, as receitas viriam naturalmente. Mas, não foi o que aconteceu. Em comparação aos portais, Page e Brin se recusavam a veicular anúncios associados às buscas, porque consideravam que essa prática comprometia a isenção dos resultados. Os grandes anunciantes dos portais sempre ficavam em evidência, mesmo se a qualidade dos resultados da busca não fossem bons.

Depois de muita reflexão, Page e Brin aceitaram o fato que a Google participava de dois negócios diferentes, porém, integrados entre si: a *busca* e a *propaganda*. Então decidiram **pivotar**: os anúncios apareceriam nas páginas no formato de texto (os *links* patrocinados) localizados no alto do resultado da busca. Com essa nova solução, o anúncio na Google somente seria visualizado no interior dos resultados de interesse do usuário. Com esta abordagem, a Google criou um *oceano azul*, revolucionando o negócio de propaganda devido a dois fatores:

- Primeiro: ao oferecer para o anunciante e para o usuário, um modelo de propaganda associado a resultados *(pay per click)*.
- Segundo: ao introduzir o *AdWords* em outubro dos anos 2000, uma ferramenta do tipo faça você mesmo, com anúncios de baixo custo, o que atraiu o interesse de inúmeras pequenas empresas.

Os resultados dessas iniciativas estratégicas da Google foram extraordinários. As receitas cresceram rapidamente, atingindo US$3,2 bilhões, com um lucro de US$399 milhões em 2003. Contudo, o exponencial crescimento da Google demandava cada vez mais investimentos em tecnologia, novos produtos e serviços, marketing e em pessoas talentosas.

O próximo passo inevitável, por ser uma exigência da *SEC – Securities Exchange Comission* (agência reguladora do mercado de capitais nos Estados Unidos), foi a preparação da Google para a realização do IPO. Aqui, mais uma vez, fica evidente a existência de uma estratégia de longo prazo da Google: os fundadores se recusaram a seguir os padrões de *Wall Street* publicando uma carta aos investidores, afirmando que não se submeteriam às pressões de curto prazo e de resultados trimestrais, como era a tradição do mercado de capital americano. A Google tinha uma visão estratégica de longo prazo e nada faria a empresa sair deste caminho.

Apesar dessas controvérsias, o IPO foi um sucesso, com a captação de US$1,67 bilhão em seu primeiro dia de oferta, ocorrido em 19 de agosto de 2004. Os empregados da Google vibraram, pois tinham *stock option* e muitos deles ficaram milionários com a abertura de capital.

A ênfase na narrativa da evolução e do crescimento exponencial da Google tem por finalidade mostrar mais uma vez, o fluxo de valor das empresas que são referência de mercado na utilização dos **OKRs**. Como vimos, um propósito inspirador, uma missão audaciosa e uma consistente estratégia empresarial possibilitaram à empresa definir e atingir seus *Objetivos e Resultados-Chave*.

Neste sentido, a moderna gestão empresarial precisa ser ágil e holística integrando uma consistente trajetória: tudo começa com um **Propósito Transformador**, em seguida é criada uma **Estratégia Empresarial** para traduzir os sonhos em realidade, avaliados e monitorados por meio de **Objetivos e Resultados-Chave**.

D. Lições Aprendidas com a Google, a Nova Geração dos OKRs

Larry e Page sempre fizeram questão de destacar: a Google é uma *empresa diferente* das demais e não pretende cair na armadilha de se transformar numa empresa convencional. *Business as usual* não é para os *Googlers*.

A Google, tem sua origem em uma tese de doutorado em ciências da computação e não em um *business plan*. Larry e Page não valorizavam e não se interessavam pela gestão empresarial. Mas, à medida que as pesquisas evoluíram para a criação de uma startup, depois para uma empresa exponencial e, atualmente, para uma corporação diversificada multinegócios (a **Alphabet** foi criada em 2015) é possível a identificação de fundamentos de gestão empresarial, ainda que indiretamente.

O mais curioso, para descobrir esses conceitos implícitos no jeito de ser Google, é a necessidade de fazer uma nova leitura sobre a evolução da empresa. Também é importante olhar a Google com um novo olhar e um novo *mindset*. Neste sentido, vale a pena mencionar o choque cultural vivenciado por Eric Schmidt, o primeiro CEO da empresa entre 2001 e 2011. Logo após começar a trabalhar na Google, afirmou: "a estrutura, a cultura e a estratégia por trás de tudo eram boas, mas o lugar era como um zoológico em tempo integral."

Então, nosso desafio é identificar, do ponto de vista didático, os princípios de gestão — explícitos ou implícitos — da Google, em sua evolução ao longo do tempo.

Estamos realizando essa reflexão visando estimular e auxiliar os fundadores de startups, os profissionais de empresas familiares e até mesmo os profissionais de grandes empresas e corporações, a perceberem a importância dos fundamentos dos negócios, com a finalidade de evitar o fracasso prematura da empresa nascente.

Uma hipotética associação entre as práticas não convencionais da Google, e as abordagens tradicionais de gestão empresarial são apresentadas a seguir. A finalidade — na verdade, uma provocação — é identificar o que *a Google ensina para os empreendedores e os gestores de negócios*, em um sentido amplo:

   a. **Definição do Negócio:** busca de informações relevantes e úteis para os usuários, sem cobrança. Reflete a escolha do que fazer e do que não fazer. A Google não é um portal da internet.

   b. **Prioridade da Empresa:** o cliente no centro do negócio, combinada com a valorização dos profissionais e a inovação técnica.

   c. **Missão (Propósito Transformador Massivo):** "Organizar as informações do mundo e torná-las mundialmente acessíveis e úteis."

Note a ausência dos serviços de busca de informações. A ênfase é no benefício e não no serviço, em si.

d. **Visão Estratégica:** foco no longo prazo sobre os desafios tecnológicos, na busca da *novidade* tecnológica a partir de ações, testes, ajustes e validação em curto prazo. A equipe da Google refletia, sobre possíveis cenários, em um horizonte de cinco anos. Porém, para o setor de tecnologia o longo prazo significa dois ou três anos, começando já e com monitoramento nos próximos trimestres.

e. **Proposta de Valor:** a melhor ferramenta de busca para o usuário encontrar a informação que necessita.

f. **Motor Econômico do Negócio:** a geração de receita publicitária por meio dos links patrocinados, o serviço *AdWords*.

g. **Valores e Princípios:** inspiração, transpiração e resultados suportados pela frase: "Não seja mau" (Don't be evil).

h. **Marca:** imagem de marca global forte, que transmite a ideia de excelência, integridade e divertimento.

i. **Inovação:** é estimulada pela frase: "dar ao consumidor o que ele quer, é menos importante do que dar o que ele ainda não sabe que quer" (Steve Jobs). Esta mensagem é uma homenagem ao fundador da Apple.

j. **Modelo de Negócio:** aberto, em constante evolução como se fosse uma pesquisa científica contínua em busca de novos conhecimentos. Evoluiu de uma startup para uma grande empresa, e agora, para uma corporação diversificada multinegócios, como se fosse uma incubadora de inovação e novos negócios.

k. **Vantagens Competitivas:** pesquisa em ciências da computação orientada para a inovação técnica e disruptiva, visando o crescimento exponencial das receitas. Equipes de engenheiros altamente qualificadas, composta por mestres, doutores e professores engajados com o propósito da empresa.

l. *Core Competences*: ciências da computação orientadas para a inovação e a criação dos produtos da próxima geração, como suporte para as vantagens competitivas.

m. **Processos de Negócio:** a Google não opera por meio de processos, mas, sim, por meio de ideias inspiradoras e exponenciais.

n. **Valorização dos Talentos e Meritocracia:** é refletido na frase de Sergey Brin: "a Google se organiza em torno da capacidade de atrair tecnólogos e gerentes excepcionais, e aproveitar o talento deles".

o. **Os *OKRs*:** são considerados por Sergey Brin como o primeiro princípio de organização da Google. A definição dos objetivos e dos principais resultados são essenciais para o alinhamento das pessoas e motivar o alto desempenho.

p. **Compartilhamento de Conhecimentos e Informações:** os fundadores e o CEO têm seus *OKRs* compartilhados para toda a organização e, trimestralmente, são organizadas reuniões para a livre discussão das prioridades da empresa. Igualmente importante são as reuniões semanais, as *TGIs* (*Thank God It's Friday's*), onde todos os empregados são convidados a participar, fazendo perguntas — inclusive inconvenientes, para os fundadores.

q. **Tomada de Decisão Compartilhada:** durante muitos anos as principais decisões da Google eram tomadas em colegiado pelo CEO (Eric), pelo VP de inovação (Sergey) e pelo VP de negócio (Larry). Quando o assunto era mais complexo, os gerentes eram engajados no processo.

r. **Pesquisa e Desenvolvimento:** desde a origem, a empresa é inspirada pela inovação e mais um passo foi dado nessa direção, com a criação da Incubadora de Startups X (originalmente Google X), com foco nos projetos experimentais e disruptivos de inovação e apostas de longo prazo, as *novidades*.

s. **Autonomia e *Empowerment*:** os gerentes da Google têm liberdade para dedicar 20% de seu tempo (equivalente a um dia por semana) em projetos de livre escolha, o que estimula a inovação e a renovação de ideias (o protótipo do *AdSense* foi criado por essa política).

t. **A importância dos Gerentes:** não é segredo que os engenheiros são os profissionais mais valorizados na Google. Quando alguém tem uma dúvida a orientação é: *pergunte para os engenheiros*. Esse viés cultural da empresa é explicado pela tentativa de eliminar os cargos de gerentes na organização, por meio do *Projeto Oxigênio*.

Em poucos meses, o caos na tomada de decisões fez com que a decisão fosse revogada.

u. **Retorno sobre o Investimento (*ROI*):** desde a fundação e na primeira carta aos acionistas, os fundadores deixaram claro que a Google não seria pressionado por resultados financeiros.

A liberdade para inovar e praticar os valores, não serão sacrificados por pressões de retornos financeiros de curto prazo. Como provocação e em consideração à cultura da Google, podemos sugerir que ***ROI significa retorno sobre a inovação, ou melhor ainda, retorno sobre a inspiração***.

O que a Google pode nos ensinar cobre praticamente todo o **Alphabet**, quer dizer, a combinação de ideias e inovações que o *alfabeto* proporciona. Sim, a Google é uma empresa diferente, mas suas lições podem ser aprendidas por inúmeras empresas que não querem continuar sendo convencionais.

Sob qualquer ponto de vista dos negócios, a Google se destaca apresentando constantemente resultados muito superiores, em comparação aos principais concorrentes e grandes corporações.

Então, qual é o segredo do sucesso da Google? Não existe nenhuma mágica, mas sim, o que é do conhecimento há muito tempo dos empresários e dirigentes: são as pessoas engajadas com a organização. Como nos explica Eric Schmidt: "Na Google, o segredo não está no modo como gerenciamos, mas em nossa seleção de equipe."

Da perspectiva do livro, ***Os OKRs e as Métricas Exponenciais. A Gestão Ágil da Estratégia na Era Digital***, queremos enfatizar a importância dos **OKRs** serem criados a partir da cultura organizacional e do ambiente dos negócios em que a empresa está inserida. Mais uma vez: os **OKRs** não significam uma lista de objetivos e resultados. Eles refletem o propósito e uma Estratégia Empresarial de longo prazo.

Conclusão

Algumas Dicas sobre os OKRs

1. Os **OKRs** são uma metodologia para a *Gestão de Desempenho da Organização*. Não é uma ferramenta somente para a geração de objetivos.

2. Antes de iniciar o processo dos **OKRs**, pergunte a si mesmo: Se a empresa tivesse um único objetivo para ser bem-sucedida, qual seria ele? Em seguida, continue se perguntando sobre qual seria o objetivo 2 e qual seria o objetivo 3.

3. As práticas de gestão para produzir os resultados esperados pela alta direção da empresa, precisa contar com uma Equipe de Colaboradores qualificada e capacitada na metodologia a ser implementada.

4. As pressões de curto prazo e a ansiedade de alguns gestores, tendem a não valorizar o tempo dedicado para a reflexão estratégica e a definição das prioridades da empresa.

   Procure não cair na armadilha de começar rapidamente a elaboração de uma lista de objetivos — você pode estar indo na direção errada e levará mais tempo corrigindo os erros, do que se começar da maneira certa.

5. Um grande número de empresas falham na Execução da Estratégia. E a sua empresa, como está se saindo? Veja a seguir, os três principais motivos:

- 1º O baixo engajamento de alguns líderes no processo de Formulação e Execução da Estratégia.
- 2º Uma Estratégia vaga ou deficiente elaborada por conceitos tradicionais e superados.
- 3º Resistência na implementação de uma Estratégia que entre em conflito com a estrutura de poder vigente e com o *mindset* conservador.

6. Avalie em qual Estágio do Ciclo de Vida está sua empresa, em relação ao Ecossistema em que participa e ao Ambiente Competitivo. Procure responder:

   - Sua empresa está antecipando as novas tendências do negócio ou ela é uma retardatária?
   - Há alguma inovação disruptiva de um concorrente que tornará os produtos da empresa obsoletos?
   - Qual é o percentual de receitas de sua empresa gerado pelas tecnologias digitais? Que montante das receitas podem ser perdidas pelas novas tecnologias digitais?

7. Em seu Ecossistema, ou fora dele, pode existir uma *Startup* que está desenvolvendo inovações atrativas para os negócios. Procure responder:

   - Qual é a atenção que sua Empresa dá para as Startups? Há algum Objetivo Estratégico associado à Open Innovation?
   - Como sua Empresa se beneficiaria com uma associação, parceria ou mesmo a aquisição de uma *Startup*?
   - Qual seria o impacto no Crescimento das Receitas e no *Valuation* da Empresa, se fosse realizada uma Aliança Estratégica entre sua Empresa, um Fundo de Private Equity ou Venture Capital e uma Startup?
   - A Alta Direção da Empresa já avaliou os benefícios da constituição de uma Incubadora de Startups?

8. Antes de iniciar a introdução de uma nova Metodologia de Gestão em sua organização, seja ela o **Planejamento Estratégico**, os ***OKRs***, o **Balanced Scorecard**, ou ainda, a **Transformação Digital**, é essencial a capacitação da Equipe do Projeto sobre a abordagem.

É também importante ressaltar que todo Programa de Treinamento e Capacitação da Equipe de Colaboradores precisa ter como finalidade, o domínio de novas competências e sua aplicação prática no negócio.

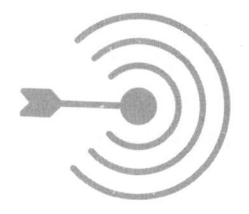

Entrevista com Pedro Signorelli

Fundador da *Pragmática*, consultoria em gestão

I. INTRODUÇÃO

Até esta etapa do livro, foram apresentadas as principais ideias, conceitos e aplicações dos **OKRs – Objetivos e Resultados-Chave** numa perspectiva histórica. Procuramos mostrar como os **OKRs** são suportados por fundamentos — clássicos e inovadores — de gestão de negócios. Para finalizar a abordagem, ou para utilizar a sugestão de John Doerr, a **plataforma dos OKRs**, consideramos essencial compartilhar com os leitores, a visão, a experiência e as lições aprendidas de quem já liderou projetos desta emergente prática.

Nas entrevistas com os especialistas em **OKRs**, foram abordados vários temas para os empreendedores, empresários, executivos e estudantes que têm interesse em conhecer melhor a abordagem.

Nesse sentido, formulamos algumas questões com profissionais especialistas em **OKRs** que gostaríamos de compartilhar com os leitores. Veja a seguir, a entrevista com Pedro Signorelli, *fundador da Pragmática, Consultoria em Gestão.*

BREVE APRESENTAÇÃO DE PEDRO SIGNORELLI

"Construí minha carreira em grandes empresas da área de Tecnologia e Energia, sempre atuando na gestão de projetos das mais diversas naturezas, até mesmo em lançamento de redes de fibra óptica que hoje permitem que as residências tenham internet de alta velocidade, infraestrutura para redes de telecomunicações, sistemas IP até subestações de 500kV que conectam cidades, regiões inteiras do Brasil.

Na minha última jornada em uma grande empresa, atuei com um portfólio de mais de R$2 bilhões em projetos de eficiência e receita, construindo modelos de gestão para diferentes executivos ao longo deste período, até que adicionei este case — o maior case de **OKRs** das Américas —, à minha experiência, quando mais de 1.200 colaboradores foram capacitados em 15 dias, sendo responsável, posteriormente, pela operação e evolução do modelo de gestão por cerca de 2 anos, quando chegamos a quase 1.700 colaboradores.

Como Head de Gestão e responsável pelos **OKRs** dentro da organização, criei a *OKR Week*, período em que disponibilizava minha agenda no ciclo de planejamento dos **OKRs** trimestrais para construir os **OKRs** com todas as áreas e níveis da organização, do CEO ao analista, desde vendas até auditoria.

Já no início de 2019, comecei a apoiar outras organizações no seu processo de adoção de **OKRs**, no modelo de gestão em paralelo à dedicação como responsável pela área de gestão, projetos e processos desta organização.

O volume de clientes foi crescendo de tal maneira que em junho de 2019, decidi me dedicar integralmente a esta jornada. E tem sido fantástico até aqui!"

II. PERGUNTAS PARA PEDRO SIGNORELLI

P1. Como podemos explicar para o leitor o significado dos *OKRs*?

Os **OKRs** são um sistema de gestão que incorpora princípios e práticas que buscam trazer clareza, foco e alinhamento para uma organização sobre a estratégia a ser executada em curto prazo. Ao mesmo tempo, não são uma receita de bolo a ser seguida por todas as organizações da mesma maneira.

P2. Quais os principais motivos que levam uma empresa a adotar os OKRs?

Eu destacaria três principais pontos:

Em primeiro lugar, um ponto vital para as empresas hoje em dia é ter capacidade de pivotar, de mudar seu plano de execução da estratégia muito rápido, em função do nível de incertezas no ambiente de maneira geral e a velocidade com que as coisas mudam. Por isso, a estrutura simples dos **OKRs** facilita que sejam definidos objetivos de negócio para serem atingidos em ciclos curtos, tipicamente trimestrais. E, ao final de cada ciclo, a organização reavalia as prioridades para o ciclo seguinte, olhando o ambiente externo e o interno também.

O segundo ponto que eu traria, está relacionado a outro princípio básico que é trazer foco para a organização. É sempre um desafio para as organizações priorizar alguns temas, em detrimento de outros.

Por fim, nos tempos em que vivemos hoje, cada vez mais, as empresas entendem a necessidade de ter colaboradores mais alinhados com a estratégia para obter melhores resultados. Neste sentido, os **OKRs** contribuem a partir de seu princípio de transparência e clareza.

P3. Qual o perfil das empresas para os quais os OKRs são recomendados? As grandes Corporações? As Empresas de Médio Porte? As Empresas Familiares? As Startups?

Todos os tipos de empresas têm necessidade, umas mais, outras menos, de alinhar seus colaboradores em torno da estratégia, dar foco no que é prioritário, naquilo que precisa ser melhorado ou transformado. Quanto mais incerteza e mudança houver no ambiente e maior a empresa, mais os **OKRs** serão recomendados.

Neste sentido, não existe absolutamente restrição de tamanho, tempo de existência, segmento de atuação para qualquer empresa adotar os **OKRs**.

P4. Quais são os pré-requisitos para a introdução dos OKRs numa empresa?

Separo os pré-requisitos em dois aspectos: conceituais e processuais.

Do lado conceitual, a empresa precisa estar aberta a exercer a transparência em relação aos temas estratégicos que podem ter o resultado potencializado pela contribuição dos demais colaboradores (obviamente, alguma agenda de aquisição ou outros temas sigilosos não precisam estar nos **OKRs**). A empresa precisa estar aberta também a receber contribuição vinda dos times, é o fator bottom-up do processo de alinhamento dos **OKRs** (COMO serão atingidos os objetivos estratégicos).

Os **OKRs** funcionam melhor, entregam mais benefícios à organização, se construídos de maneira colaborativa, de forma que a organização deveria estar aberta a mudar seu processo de construção do plano de execução da estratégia.

Por fim, neste aspecto, encontra-se o tema da ambição nas metas. Os **OKRs** incorporam ambição na definição dos números a serem alcançados e isso, especialmente no início, vai fazer com que os **OKRs** não sejam atingidos. É preciso ajustar a forma como se trabalha o não atingimento de metas. É um tema cultural que não se muda da noite para o dia.

Do lado processual, é fundamental que o projeto seja patrocinado pelo responsável por aquela organização, seja um CEO, presidente, diretor, não importa o cargo.

Outro ponto, é estar disposto a investir seu tempo e do time executivo para encampar o projeto na organização, tendo em vista que é um projeto que afeta a cultura da organização, logo, leva tempo até amadurecer.

Por fim, precisa estar disposto a imprimir disciplina na organização para definição e acompanhamento dos **OKRs**. E o processo não vai amadurecer se não houver tempo dedicado.

P5. É preciso que a organização tenha formulado previamente sua Estratégia Empresarial? Por que?

Os **OKRs** são uma forma de traduzir de maneira objetiva o foco da organização em um determinado período. Aquilo para o que é mais importante dedicar recursos naquele ciclo. Em empresas já estabelecidas, é provável que isso esteja definido de alguma maneira na estratégia empresarial, mas empresas menores, startups, não necessariamente a terão definida, podendo ser um exercício mais simples.

Assim, é preciso saber para onde se quer ir, os **OKRs** vão ajudar a deixar mais claro e engajar todos na execução do plano para atingir este objetivo.

P6. Qual o papel a ser desempenhado pela Alta Direção da empresa? Líder, patrocinador, coordenador?

Não é só o responsável pela organização que faz o processo de adoção dos **OKRs** ser bem-sucedido. É preciso que todo time executivo esteja focado na ideia, caso contrário ela não é bem disseminada em toda a organização. O exemplo vem de cima, logo, começa pelo time executivo até alcançar todas as pessoas.

P7. Qual deve ser a composição da Equipe de Projeto dos OKRs? Quais critérios deverão ser obedecidos para a escolha dos participantes?

É importante a formação de um Comitê de Gestão, que reúna os executivos-chave da organização para tomar decisões a respeito do desdobramento da estratégia e estrutura organizacional. Hoje em dia, estas pessoas seriam o CEO, o Head de Estratégia, o Head da área de Pessoas/Recursos Humanos e/ou Gestão, e, mais especialmente nos dias de hoje, o executivo de Transformação.

No nível de execução, é necessário um líder do projeto com capacidades e habilidades de gerente de projetos: alta capacidade de execução, adaptação, comunicação etc.

Recomendo a formação de uma equipe de facilitadores ou multiplicadores do conhecimento que pertençam às áreas de negócio.

P8. Qual deve ser o escopo de um programa de treinamento sobre os OKRs?

É necessário trabalhar a mentalidade para mudar a forma de pensar, que é voltada às atividades e orientá-las para o resultado. Isso significa que estamos falando de mudança de cultura, algo que está mais enraizado nas organizações mais antigas e é menos presente nas organizações formadas mais recentemente, as chamadas startups.

Depois de trabalhar a mentalidade é necessário seguir a mentalidade.

Por último, trabalhar a parte metodológica de escrita dos Objetivos e dos Resultados-Chave.

A ênfase na mentalidade se dá pelo fato de que se está introduzindo uma nova forma de se trabalhar por resultados, mas as pessoas só estão pensando em como executar o que é preciso. Especialmente o time executivo que quer algo rápido para trazer resultado em curto prazo. Sem quebrar alguns paradigmas, o processo de mudança será mais difícil. A metodologia e a técnica são o final da cadeia, a forma de aterrissar os novos conceitos absorvidos.

P9. Qual é o prazo (médio) necessário para a implementação dos OKRs? O tamanho e o perfil da empresa interferem no prazo?

No maior case registrado nas Américas, capacitei mais de 1.200 pessoas em 15 dias. E a partir daí, o modelo começou a ser gerido. Acho que qualquer coisa é possível, portanto, basta ter braço e pessoas capacitadas no tema. Por outro lado, levamos 12 meses para encontrar o jeito ideal de os **OKRs** contribuírem para a nossa organização. Já vi empresas menores, com 300 pessoas que levaram 2 anos.

Quanto maior o tempo dedicação a entender o que está funcionando e o que não está, menor é o tempo para estabilizar o modelo. Alguém que passou por isso pode acelerar este processo.

Recomendo um piloto de pelo menos 2 ciclos (trimestrais) envolvendo diferentes áreas, um exercício de lições aprendidas junto com o time executivo e depois fazer o *rollout* com base no aprendizado.

P10. Como os OKRs se diferenciam, ou ainda, como se integram, com outras metodologias de gestão empresarial, em especial o Balanced Scorecard?

Vejo que podem se complementar, na medida em que o BSC trouxer efetivamente os KPIs relevantes para o negócio, e não, atividades ou tarefas a serem feitas de maneira que os **OKRs** consolidam a visão de futuro, eventualmente, tendo como ponto de partida, os KPIs.

Em geral, os BSCs não se ocupam de metas de curto prazo. Aqui, podemos nos remeter ao artigo do Paul Niven: *Two Speed Execution* (*Execução em Alta Velocidade*, em tradução livre).

P11. Qual o *timing* adequado para o monitoramento da implementação dos OKRs? Mensal, trimestral ou semestral?

Os **OKRs** deveriam ser monitorados, minimamente, uma vez ao mês, mas já considero uma concessão. Os **OKRs** que trouxeram mais impacto nas organizações com que trabalhei tinham acompanhamento semanal, mesmo que nem todas as métricas escolhidas nos KRs tenham atualização nesta frequência.

P12. Como integrar o orçamento dos OKRs, com o orçamento da organização, inclusive *Capex* e *Opex*?

O orçamento é como a gasolina de um carro e os **OKRs** o seu GPS ou navegador. De maneira que você precisa ter os dois alinhados para saber se tem combustível para chegar ao seu objetivo.

Esta foi uma imagem que usamos no nosso piloto, no final de 2017 e no *rollout* para toda a organização em 2018 e funcionou muito bem.

P13. Quais são as principais dificuldades e resistências reportadas pelas empresas que introduziram os OKRs?

Do ponto de vista conceitual, o mais difícil reside na diferença da régua de ambição na definição das metas. Nos modelos de gestão que, em geral, estão integrados com avaliação e remuneração variável de colaboradores, as metas são definidas para serem atingidas e quiçá, superadas. Nos **OKRs**, uma meta bem calibrada é aquela em que você atinge 70%, na média.

Ligado a isso, a princípio, as organizações demoram a diferenciar os **OKRs** de KPIs. Com a popularização do tema, aos poucos, isso ficará mais claro antes do processo de adoção.

Do ponto de vista prático, existe uma dificuldade que reside no fato de que a empresa precisa de disciplina para fazer o modelo funcionar. O processo de construção dos **OKRs** também considera um componente bottom-up e nem toda organização está preparada para isso.

P14. É importante a utilização de um software específico para apoiar e monitorar o processo dos OKRs?

Um software facilita o processo de adoção e ajuda a trazer visibilidade para as metas definidas. Quanto mais metas precisarem ser acompanhadas, e isso deveria crescer conforme o tamanho da empresa e a escala de adoção na organização, mais o software é necessário.

P15. Qual é o papel dos OKRs na governança corporativa?

Os **OKRs** devem conter as prioridades da organização e, assim, a governança da empresa deve girar em torno dos **OKRs** enquanto execução da estratégia, anda de braços dados com os principais KPIs da empresa, o DRE, dentro das responsabilidades que a organização assumiu perante diversos organismos de controle etc.

P16. Quais são as principais Lições Aprendidas com a implementação dos OKRs nas empresas?

É um processo que:

- Não é plug'n play, ou seja, é necessário adaptar à sua realidade.
- Deve ser patrocinada pelo responsável da organização.
- Deve ser implementada aos poucos.
- Precisa de disciplina para ser bem-sucedida.
- Definir multiplicadores nas áreas facilita a adoção do modelo.

P17. Como você vê o futuro dos OKRs no Brasil?

Na concepção, é um sistema bastante ágil e leve para alinhar as pessoas em torno daquilo que é mais importante para a organização em curto prazo, visando resultados, tendo por base uma visão de médio ou longo prazo para a organização.

Com o ambiente externo, economia, evolução das tecnologias mudando cada vez mais rápido, é inevitável que se adote um sistema de definição de objetivos e metas de negócio, que tenha capacidade de permitir uma organização pivotar seu plano de execução da estratégia com agilidade.

O ciclo dos **OKRs**, aqui no Brasil, está no início, e acredito em uma curva de crescimento em sua adoção mais intensa em 2020 e 2021, que deve perdurar até 2023, pelo menos. O movimento começou de maneira mais intensa nas startups, mas várias empresas mais antigas, com processos legados e controles bem estabelecidos estão começando a experimentar sua adoção.

No curto espaço de tempo, que tenho me dedicado a este tema integralmente, já tenho feito implementações em empresas de mais de 10.000 colaboradores, dezenas de bilhões de faturamento, além de palestras e apresentações em diversas organizações e entidades que congregam estas empresas maiores e outros eventos.

P18. O que você gostaria de incluir na abordagem dos OKRs?

Para extrair o maior valor deste movimento que começou antes nas organizações no que diz respeito à adoção de ferramentas ditas ágeis de execução, é necessário adotar princípios ágeis de gestão, que são os **OKRs**. Isso quer dizer, que é preciso trabalhar a mentalidade das pessoas para trabalhar por resultados, significando também, que os próprios executivos que querem adotar os **OKRs** precisam se adaptar para utilizar um framework com este princípio.

P19. Falando especificamente das startups: quais são as recomendações que você daria para os fundadores?

As startups precisam estar atentas ao fator Spotify, ou seja, adotar algo que funcionou em outra organização como uma verdade absoluta e não adaptar à sua realidade, isso se aplica a como as pessoas se organizam (*squads*) para entregar os produtos e se aplica também aos **OKRs**. Conforme forem amadurecendo, deverão evoluir a maneira como usam os **OKRs**.

P20. Qual é a importância da utilização dos *OKRs* para um investidor, para um Fundo de Private Equity, ou ainda, Venture Capital, que está investindo na aceleração de uma startup?

Os **OKRs** bem aplicados vão trazer a mentalidade de resultado, de crescimento e, consequentemente, de valorização do negócio em que estão investindo. Desta maneira, torna-se um importante componente a se levar em consideração no plano de investimento.

P21. Quais as principais dificuldades para uma Instituição Pública, ou o Governo, utilizar os *OKRs*?

Começamos pelo fato de que o tema é absolutamente relevante para qualquer organização. Provavelmente a palavra que mais utilizamos até aqui é mentalidade de resultados. E aí, talvez, a principal dificuldade é convencer alguém de adotar metas ambiciosas para quem não tem necessidade ou estímulo para isso.

P22. Que outras observações você gostaria de fazer sobre sua experiência com os *OKRs*?

Tenho um case interessante em uma organização de direito privado, que tem sua gestão sob forte influência do poder público. Fizemos um projeto-piloto em áreas que tinham iniciativa de adotar os **OKRs** e aos poucos os resultados destas áreas foram movimentando outras áreas na mesma direção, até que os resultados foram chegando aos níveis mais altos.

A aplicação de **OKRs** individuais ou em times depende muito de cada organização. E não quer dizer que se começou de uma maneira, não deva evoluir para outra. É importante a organização estar atenta para que os **OKRs** contribuam da melhor maneira para a execução da estratégia.

O case que liderei capacitando 1.200 pessoas em 15 dias começou com **OKRs** individuais, mas depois de 1 ano, abandonamos este modelo e fomos para os coletivos, somente. Em outros clientes, já tive oportunidade de começar com os **OKRs** coletivos, mas em outros, não.

Pessoalmente, tenho muita afeição aos **OKRs** coletivos, e entendo que algumas organizações precisam mudar algumas coisas antes para adotá-los. Mas não quer dizer que devam.

Em determinadas situações, deveriam ser definidos **OKRs** individuais mesmo, como para desenvolvimento individual.

Também já tive clientes que queriam **OKRs** na sua organização, fizemos o diagnóstico, discutimos o plano de implementação que começou por dar um passo atrás e começar por estruturar KPIs.

Neste sentido, um projeto-piloto é interessante para a organização avaliar suas deficiências e fortalezas, e definir o melhor passo. A velocidade de adoção dos **OKRs** é diferente de área para área. Não há uma receita a ser seguida.

Avaliação do Aprendizado com o Livro

Ao final da leitura do livro, *Os OKRs e as Métricas Exponenciais. **A Gestão Ágil da Estratégia na Era Digital**,* nós esperamos que você tenha melhorado os conhecimentos que precisa para o seu dia a dia de trabalho. E para assegurar o aprendizado e o domínio de novos conhecimentos, procure rever e refletir sobre os principais temas abordados no livro. Em especial, procure responder do seu jeito:

- Quais são os pré-requisitos para a introdução dos **OKRs** em sua empresa?
- Em quais fundamentos de gestão de negócios os **OKRs** estão baseados?
- Qual é o significado de um *Objetivo* para sua organização?
- Como os *Objetivos* estão associados aos *Resultados-Chave* do negócio?
- Qual é a cadência e o *timing* dos **OKRs** em relação aos *Objetivos* e aos *Resultados-Chave*?
- Comente a frase: como os *OKRs* foram bons para a Google, eles também serão úteis para a nossa empresa.

- Quais são os principais *pontos de paridade* e os *pontos de diferenciação* dos **OKRs**, em relação à metodologia do *Balanced Scorecard*?

- Por que a abordagem dos **OKRs** é crítica em relação às metodologias tradicionais de *planejamento estratégico?*

- Por que é importante promover uma separação entre a Avaliação de Desempenho da Organização, dos Departamentos, dos Times e dos Indivíduos em relação ao Sistema de Remuneração e de Pagamento de Bônus?

- Qual o significado de *Agilidade Estratégica*?

E agora, qual é o próximo passo?

Esperamos que você, leitor, coloque com agilidade essas novas ideias e metodologias em ação. Queremos que você, mesmo não tendo experiência em gestão, valorize e entenda o significado dos fundamentos clássicos sobre como criar, desenvolver e elevar o valor de mercado de uma empresa. Faça seus próprios **OKRs** — é um processo de aprendizagem. A tecnologia é muito importante para viabilizar o negócio, mas não é tudo.

Então, como vou começar? Comece a partir de uma Nova Ideia, de um Propósito inspirador, de uma Estratégia Ágil — e sobretudo colocando o Cliente no centro de sua empresa. Lembre-se: no início você não terá resposta para todas as suas dúvidas. Você conviverá com a incerteza, com o imprevisto e com oportunidades emergentes. O sucesso não é uma certeza, mas vale a pena tentar e realizar.

Bibliografia

AULETTA, Ken. *Googled. A História da maior Empresa do Mundo Virtual e como sua Ascenção Afeta as Empresas do Mundo Real.* **Rio de Janeiro: Agir, 2011.**

BATTELLE, John. *A Busca. Como a Google e seus Competidores Reinventaram os Negócios e estão Transformando Nossas Vidas.* **Rio de Janeiro: Elsevier, 2006.**

BAUMAN, Zygmunt. *Tempos Líquidos.* **Rio de Janeiro: Zahar, 2007.**

BERGER, Warren. *Uma Pergunta mais Bonita.* **São Paulo: Aleph, 2019.**

BLANK, Steven Gary. *Do Sonho à Realização em 4 Passos. Estratégias para a Criação de Empresas de Sucesso.* **São Paulo: Editora Évora, 2012.**

BOCK, Laszlo. *Um Novo Jeito de Trabalhar – Ideias da Google.* **São Paulo: Editora Sextante, 2015.**

BUNGAY, Stephen. *O Melhor Ataque é a Execução.* **Rio de Janeiro: Elsevier, 2011.**

CHESBROUGH, Henry. *Inovação Aberta. Como Criar e Lucrar com a Tecnologia.* **Porto Alegre: Bookman, 2012.**

CHRISTENSEN, Clayton M. *O Dilema da Inovação. Quando as Novas Tecnologias levam Empresas ao Fracasso* **(Edição atualizada). São Paulo: M. Books, 2012.**

CHRISTENSEN, Clayton M. & Raynor, Michael E. *O Crescimento pela Inovação.* **Rio de Janeiro: Elsevier, 2003.**

CHRISTENSEN, Clayton M. *Muito Além da Sorte. Processos Inovadores para Entender o que os Clientes Querem.* **Porto Alegre: Bookman, 2018.**

CLARK: Duncan. *Alibaba. O Gigante do Comércio Eletrônico.* **Rio de Janeiro: Best Seller, 2019.**

DIAMONDIS, Peter H & Kotler, Steven. *Oportunidades Exponenciais.* **São Paulo: HSM do Brasil, 2016.**

DIAMONDIS, Peter & Kotler, Steven. *Abundância. O Futuro é Melhor do que Você Imagina.* **São Paulo: HSM Editora, 2012.**

DOERR, John. *Avalie o que Importa.* **Rio de Janeiro, Alta Books, 2019.**

DRUCKER, Peter. *Gestão – Management* **(Edição Revisada). Rio de Janeiro: Agir, 2010.**

DRUCKER, Peter. *Inovação e Espírito Empreendedor.* **São Paulo: Pioneira, 1985.**

DWECK, Carol S. *Mindset: A Nova Psicologia do Sucesso.* **São Paulo: Objetiva, 2017.**

GOLDMAN, Steven & NAGEL, Roger e PREISS, Kenneth. *Agile Competitors. Concorrência e Organizações Virtuais.* **São Paulo: Editora Érica, 1995.**

GOVINDARAJAN, Vijay. *A Estratégia das 3 Caixas. Um Modelo para Fazer a Inovação Acontecer.* **São Paulo: HSM Editora, 2016.**

GROVE, Andrew. *High Output Management.* **New York: Vintage Books, 2015.**

GROVE, Andrew. *Só os Paranóicos Sobrevivem.* **São Paulo: Futura, 1997.**

GUPTA, Sunil. *Driving Digital Strategy: A Guide to Reimagining Your Business.* **Boston: Harvard Business Review Press, 2018.**

HERBERT, Lindsay. *Digital Transformation: Build your Organization's Future for the Innovation Age.* **London: Bloomsbury, 2017.**

HERRERO Filho, Emílio. *Balanced Scorecard e a Gestão Estratégica.* **Rio de Janeiro: Alta Books, 2017.**

HERRERO Filho, Emílio. *Pessoas Focadas na Estratégia – as Disciplinas da Execução da Estratégia.* **Rio de Janeiro: Alta Books, 2018.**

ISMAIL, Salim & MALONE, Michael e GEEST, Yuri Van. *Organizações Exponenciais.* **São Paulo: HSM Editora, 2015.**

ITO, Joi & HOWE, Jeff. *Disrupção e Inovação. Como Sobreviver ao Futuro Incerto.* **Rio de Janeiro: Alta Books, 2018.**

KAPLAN, Robert & NORTON, David. *Execução Premium.* **Robert Kaplan & David Norton. Rio de Janeiro: Editora Campus-Elsevier, 2008.**

KIECHEL III, Walter. *Os Mestres da Estratégia*. **Rio de Janeiro: Campus, 2011.**

KIM, W. Chan & Mauborgne, Renée. *A Estratégia do Oceano Azul*. **Rio de Janeiro: Elsevier, 2005.**

KOTTER, John P. *Acelere. Tenha Agilidade Estratégica num Mundo em Constante Transformação*. **São Paulo, HSM Editora, 2015.**

KURZWEIL, Ray. *The Singularity is Near*. **New York: Peguin Books, 2005.**

LAFLEY, A.G. & MARTIN, Roger L. *Jogar para Vencer: Como a Estratégia Realmente Funciona*. **São Paulo: HSM do Brasil, 2014.**

LEVY, Steven. *Google: a Biografia*. **São Paulo: Universo dos Livros, 2012.**

MAGALDI, Sandro & SALIBI Neto, José. *Gestão do Amanhã*. **São Paulo: Editora Gente, 2018.**

MAGALDI, Sandro & SALIBI Neto, José. *O Novo Código da Cultura. Vida ou Morte na Era Exponencial* (**Edição Revista e Ampliada**). **São Paulo: Editora Gente, 2019.**

MAGRETTA, Joan. *Entendendo Michael Porter*. **São Paulo: HSM Editora, 2012.**

MAURYA, Ash. *Comece sua Startup Enxuta*. **São Paulo: Saraiva, 2018.**

MCGRATH, Rita. *O Fim da Vantagem Competitiva*. **Rio de Janeiro: Elsevier, 2013.**

MINTZBERG, Henry. *Ascenção e Queda do Planejamento Estratégico*. **Porto Alegre: Bookman, 2004.**

NADELLA, Satya & SHAW, Greg e NICHOLS Jill Tracie. *Aperte o F5: A Transformação da Microsoft e a Busca de um Futuro Melhor para Todos*. **São Paulo: Benvirá, 2018.**

NIVEN, Paul & LAMORTE, Ben. *Objectives and Key Results*. **New Jersey: Wiley & Sons, 2015.**

O´REILLY III & TUSHMAN, Michael L. *Liderança e Disrupção: Como Resolver o Problema do Inovador*. **São Paulo: HSM, 2017.**

PMI – Project Management Institute & Agile Alliance. *Guia Ágil*. **Newton Square, Pensilvânia, 2017.**

RIES, Eric. *A Startup Enxuta*. **São Paulo: Lua de Papel, 2011.**

RIES, Eric. *O Estilo Startup*. **Rio de Janeiro: LeYa, 2018.**

ROGERS, David L. *Transformação Digital: Repensando o seu Negócio para a Era Digital*. **São Paulo: Autêntica Books, 2017.**

ROWLES, Daniel & Brown, Thomas. *Building Digital Culture*. **New York: Kogan Page, 2017.**

RUBIN, Kenneth S. *Scrum Essencial. Um Guia Prático para o Mais Popular Processo Ágil.* **Rio de Janeiro: Alta Books, 2017.**

RUMELT, Richard. *Estratégia Boa, Estratégia Ruim. Conheça suas Diferenças e Importância.* **Rio de Janeiro: Elsevier, 2011.**

SALIBI Neto, José & MAGALDI, Sandro. *O que as Escolas de Negócios Não Ensinam.* **Rio de Janeiro: Alta Books, 2019.**

SEIDMAN, Dob. *Como – Por Que o Como Fazer Algo Significa Tudo... nos negócios (e na Vida).* **São Paulo: DVS Editora, 2009.**

SCHMIDT, Eric & ROSENBERG, Jonathan. *Como a Google Funciona.* **Rio de Janeiro: Intrínseca, 2015.**

SCHMIDT, Eric & COHEN, Jared. *A Nova Era Digital.* **Rio de Janeiro: Intrínseca, 2013.**

SCHWAB, Klaus. *A Quarta Revolução Industrial.* **São Paulo: Edipro, 2018.**

SCHWAB, Klaus. *Aplicando a Quarta Revolução Industrial.* **São Paulo: Edipro, 2018.**

SINEK, Simon. *Por Quê? Como Grandes Líderes Inspiram Ação.* **São Paulo: Editora Saraiva, 2012.**

SUTHERLAND, J.J. *Scrum: Guia Prático.* **Rio de Janeiro: Sextante, 2020.**

VISE, David A & MALSEED, Mark. *Google. A História do Negócio de Mídia e Tecnologia de Maior Sucesso dos Nossos Tempos.* **Rio de Janeiro: Rocco, 2007.**

YEUNG, Arthur & ULRICH, Dave. *Reinventing the Organization. How Companies Can Deliver Radically Greater Value in Fast-Changing Markets.* **Boston: Harvard Business Review Press, 2019.**

YOFFIE, David & CUSUMANO, Michael. *Gigantes da Estratégia – Lições Fundamentais de Steve Jobs, Andy Grove e Bill Gates.* **Rio de Janeiro: Editora Best Seller, 2016.**

ZENG, Ming. *Alibaba: Estratégia de Sucesso.* **São Paulo: M. Books, 2019.**

Índice Remissivo

A

Abordagem agile 154
Abordagem dos OKRs 147
Ação dos concorrentes 56
Accountability 78, 83
Agile mindset 169
Agilidade estratégica 115
Aliança estratégica 65
Análise preditiva 133
Áreas funcionais 94
Armadilhas frequentes 79
Ativos intangíveis 151
Avaliação do desempenho 115

B

Balanced Scorecard 35
Benefícios dos OKRs 110
Beyond budgeting 89
Big data 133
Blockchain 19
Boardroom 20
Bolha da internet 215
Brainstorming 70
Burn rate 214
Business as usual 222

C

Canvas. *Consulte* Modelo de negócio
Capitais de risco 21
Capital humano 163
Case de sucesso 35
CFRs 116
Check-ins 115
Churn de clientes 82

Cinco Forças Competitivas 56
Click-through 214
Construção dos OKRs 75
Core competences 147
Crescimento

　Sustentável 38
　Exponencial 50

Criação de valor 20

D

Dashboard 113
Data analytics 132
Design thinking 35
Direção estratégica 120
Disrupção 186
Dissonância estratégia 56

E

Early adopters 137
Efeito cascata 92
Elevator pitch 132
Empreendedorismo 22
Empresas

　Nascentes 120
　Pontocom 194

Engajamento dos empregados 186
Era Digital 43, 43–46
Escopo 83
Espírito empreendedor visionário 21
Estratégia

　Boa 202

　Competitiva 147
　Ruim 202

Execução da estratégia 111
ExO 171
Exploitation 190
Exploration 191

F

Fator Spotify 241
Feedback 84
Feedforward 84
Fim da Vantagem Competitiva 181
Fundo de venture capital. *Consulte* Modelo de negócio
Fundos de private equity 39
Fundos de venture capital 39

G

Gap de desempenho 77
Geração de valor 91
Gestão

　Gestão empresarial e estratégia 54
　Gestão de desempenho 120
　Gestão ágil da estratégia 169

Googlers 206
Governança corporativa 150

I

Indicadores 52
Inércia do sucesso 57
Inflexão estratégica 49
Informação compartilhada 182

Iniciativas organizacionais 86
Inovação

  Do modelo de negócio
  De valor
  Disruptiva 15

Insights 57
Inteligência Artificial 19
Internet das Coisas 19

K

Key result 77
Kick-off 72
Know-how managers 50
KPIs 153

L

Landing page 137
Lean startup 35
Lean Strategic Map 162
Lei

  De Moore 17
  De Pareto 112
  Dos Retornos Acelerados 22

Long-range strategic planning 55
Lucro econômico 91

M

Machine Learning 19
Manifesto Ágil 178
Market-share 190
Mentalidade lean 180
Meritocracia 138

Metas compartilhadas 65
Microgestão 109
Milestones 59
Mindset fixo 186
Modelo de negócio 35
Mooshots 112
Mudança estratégica 57

N

Nanotecnologia 19
Nativos digitais 22
Net Promoter Score 82
Novos entrantes 56

O

Objetivos aspiracionais. *Consulte* Mooshots
Objetivos compromissados. *Consulte* Roofshots
Oceano azul 49
OKRs 16

  OKRs individuais 107

Open innovation 35
Oportunidades

  Emergentes 27
  Exponenciais 15

Oportunidades emergentes para o futuro. *Consulte* Exploration
Orçamento conservador 186
Organização

  Ambidestra 190
  Exponencial. *Consulte* ExO

P

Pensamento

  Agile 35

Pensar bold 172
Perspectiva financeira 164
Pitch-deck 76
Planejamento estratégico tradicional 199
Plano de ação 115
Plataforma dos OKRs 233
Ponto de inflexão estratégica 56
Princípio Agile 20
Private equity 39
Processo

  De formulação 111
  Dos OKRs 90
  Propósito transformador massivo 172

Projeto Oxigênio 225
propósito

  Propósito inspirador 189

Protótipos 115
Proxy 147

Q

Quality management 147
Questão estratégica 57

R

RAEs 116
Realidade Virtual e Aumentada 19
Realizações extraordinárias 112

Referencial estratégico 163
Reinvenção da área de recursos humanos 208
Resultados-chave 16
Reunião de aprendizado estratégico). *Consulte também* RAEs
Reuniões de gestão estratégica. *Consulte* RGEs
Revolução digital 20
Revolução industrial 4.0 15

  Big Data 19
  Impressão 3D 19
  Veículos Autônomos 19

RGEs 116
Rollout 238
Roofshots 112

S

Scorecards

  Individuais 150
  Organizacionais 150

Silos organizacionais 80
Sinergia de recursos 150
Singularidade 22
Sistema Toyota de produção 40
SMART 74
Smart criativos 171
Squads 88
Stakeholders 87
Startups 21
Startup way 15, 20
Strategic Meeting 116
Stretch goals 37

T

Tecnologia da informação 48
Tecnologias digitais 15
Timeline 114
Times de trabalho.
   Consulte Squads
Timing do negócio 57
Top-down 55
Trade-off 59
Transformação digital 22

V

Valor econômico agregado 90
Value innovation 49. *Consulte também* Oceano azul
Viés. *Consulte* Armadilhas frequentes

  Bottom-up 79
  Top-down 79

Visão convencional 173